I0519402

Acquisition.com Volume I

Offerte da $100M

Come Fare Offerte Così Buone Che Le Persone Si Sentano Stupide A Dire Di No

ALEX HORMOZI

Cosa Hanno Detto Gli Altri

"Dopo aver trascorso un giorno con Alex, abbiamo aumentato il nostro profitto di **5 MILIONI ALL'ANNO** senza aggiungere nuovi servizi. Quando Alex parla di acquisizione, dovresti ascoltarlo (a meno che tu non odi i soldi)."

— Brooke Castillo, *CEO*, Scuola Di Coaching Per La Vita

"La mia carriera può essere divisa in due capitoli: il primo è stato un periodo di 15 anni in cui ho continuato a sbattere contro un muro cercando di capire perché non stavo realizzando il mio potenziale. Il secondo capitolo è iniziato quando ho letto 'Offerte da 100 milioni di dollari' di Alex Hormozi. È stato allora che ho acquisito la fiducia di sapere esattamente come ottenere il successo che sapevo di poter godere. Se sei un imprenditore che non si accontenta e sai che questo non è il tuo vero potenziale, questo libro ti mostrerà rapidamente che non è colpa tua; nessuno ti ha insegnato come fare offerte irresistibili. **Questo libro cambierà tutto questo nel giro di pochi capitoli.** Considera questo libro come il tuo secondo capitolo. **È un vero game changer.**"

— *Fondatore Ryan Daniel Moran, Capitalism.com*

"Siamo venuti a conoscenza di Alex e abbiamo immediatamente acquistato il suo libro. È il miglior libro che abbia mai letto nel campo degli affari, davvero. Probabilmente la cosa più importante che ho imparato da lui è che molte volte, nel mondo degli affari, si desidera addebitare di più ai propri clienti e ci si sente quasi in colpa, come dire 'oh mio Dio, posso davvero farlo?' Ma penso che non ci sia persona migliore nel mettere insieme pacchetti e prezzi che non solo ti permettono di aumentare il prezzo per la tua attività, ma aumentano anche il valore per il cliente allo stesso tempo. **Da quando abbiamo iniziato a lavorare con lui... in soli due mesi... la nostra azienda aveva già raggiunto un fatturato di $10M all'anno... un RADDOPPIO IMMEDIATO e da quando siamo entrati in contatto con lui e la nostra azienda sta per raggiungere un fatturato di $23M all'anno.** Solamente cambiando i nostri prezzi, i nostri pacchetti e allo stesso tempo offrendo risultati migliori per i clienti con cui lavoriamo."

— *Fondatore* Andrew Argue, *CEO Accountingtax.com*

 Copyright © 2024 da ACQUISITION.COM LLC NON PER LA DISTRIBUZIONE

Acquisition.com Volume I

Offerte da $100M

Come Fare Offerte Così Buone Che Le Persone Si Sentano Stupide A Dire Di No

By

ALEX HORMOZI

Copyright © 2024 da ACQUISITION.COM LLC NON PER LA DISTRIBUZIONE

Copyright © 2024 by Alex Hormozi

Tutti i diritti riservati. Nessuna parte di questa pubblicazione può essere riprodotta, distribuita o trasmessa in qualsiasi forma o con qualsiasi mezzo, compresa la fotocopia, la registrazione o altri metodi elettronici o meccanici, senza il preventivo permesso scritto dell'editore, ad eccezione di brevi citazioni contenute in recensioni critiche e determinati altri utilizzi non commerciali consentiti dalla legge sul copyright. Per richiedere il permesso, scrivere all'editore all'indirizzo indicato di seguito.

Acquisition.com, LLC
7710 N FM 620
Building 13C, Suite 100
Austin, TX 78726

Titolo Originale:

$100M Offers: How To Make Offers So Good People Feel Stupid Saying No
Progettazione della Copertina di Charlotte Chan Mikkelsen
Fotografia, Illustrazioni e Impaginazione Interna di Alex Hormozi

Tradotto da:

Madani Academy

Tradotto dall'inglese da Mirko Cannatà & Matteo Chapellu
Corretto da Fabiana Vuillermoz & Nour Matine

Copyright © 2024 da ACQUISITION.COM LLC NON PER LA DISTRIBUZIONE

Principi Guida

Non ci sono regole

Copyright © 2024 da ACQUISITION.COM LLC NON PER LA DISTRIBUZIONE

Grazie

A Leila:
Sei la mia compagna di vita:
un termine usato per descrivere una persona (di solito una donna) che è disposta a fare qualsiasi cosa per il proprio partner, amico o famiglia, anche di fronte al pericolo.
Non potrei farlo senza di te... e non vorrei.
Fai sì che valga la pena svegliarsi ogni giorno.
Grazie per essere te stessa senza scuse.
Sei una persona fantastica.

A Trevor:
Sei il migliore amico che un ragazzo possa desiderare.
Grazie per aver passato ore e ore insieme a me per scardinare le idee
che si sono trasformate in questo libro.
Non sarebbe nemmeno la metà di quello che è senza la tua incrollabile determinazione, la semplificazione e la chiarezza.
Sarò eternamente grato per la nostra amicizia.
Mi fai sentire meno solo nel mondo.
Brindiamo a diventare vecchi e brontoloni.

 Copyright © 2024 da ACQUISITION.COM LLC NON PER LA DISTRIBUZIONE

INDICE

Copyright © 2024 da ACQUISITION.COM LLC NON PER LA DISTRIBUZIONE

INIZIA DA QUI

"I rendimenti fuori dal comune spesso derivano dallo scommettere contro la saggezza convenzionale, e di solito la saggezza convenzionale ha ragione. Se hai una probabilità del 10% di un rendimento 100 volte superiore, dovresti sempre accettare quella scommessa. Ma sbaglierai ancora nove volte su dieci... Sappiamo tutti che se punti in grande, perderai molto, ma avrai anche qualche grande successo. La differenza tra il baseball e gli affari, tuttavia, è che il baseball ha una distribuzione dei risultati troncata. Quando batti, non importa quanto bene tiri la palla, il massimo punteggio che puoi ottenere è quattro. Negli affari, ogni tanto, quando vai al battuta, puoi segnare 1.000 punti. Questa distribuzione dei rendimenti è la ragione per cui è importante essere audaci. I grandi vincitori pagano per tanti esperimenti."

— Jeff Bezos

Come imprenditori, facciamo scommesse ogni giorno. Siamo dei giocatori d'azzardo - scommettiamo il nostro denaro guadagnato duramente su lavoro, inventario, affitto, marketing, ecc., Facciamo tutto questo nella speranza di ottenere un rendimento più elevato. Molte volte perdiamo. Ma, a volte, vinciamo e vinciamo in GRANDE.

Tuttavia, c'è una differenza tra il gioco d'azzardo in affari e il gioco d'azzardo in un casinò. In un casinò, le probabilità sono contro di te. Con abilità, puoi migliorare queste probabilità, ma non potrai mai batterle. In contrasto, in affari, puoi migliorare le tue abilità per spostare le probabilità *a tuo favore*. Detto semplicemente, con sufficiente abilità, puoi diventare il tavolo da gioco.

Dopo aver iniziato una serie di libri sull'acquisizione, è diventato evidente che non potevo parlare di nessun altro argomento senza affrontare prima *l'offerta*: il punto di partenza di qualsiasi conversazione per avere un'interazione con un cliente. Ciò che letteralmente stai *fornendo* loro in cambio dei loro soldi. Da lì comincia tutto.

Questo libro tratta di come fare offerte redditizie. In particolare, di come trasformare in modo affidabile i dollari della pubblicità in (enormi) profitti utilizzando una combinazione di prezzi, valore, garanzie e strategie di denominazione. In altre parole: un Offerta Grande Slam.

Ho scelto questo termine in parte in omaggio alla citazione sopra di Jeff Bezos, fondatore di Amazon, e perché come un grande slam nel baseball, una Offerta Grande

Copyright © 2024 da ACQUISITION.COM LLC NON PER LA DISTRIBUZIONE

Slam è un'offerta molto buona ma allo stesso tempo molto rara. Inoltre, per estendere la metafora del baseball, l'energia richiesta per realizzare un grand slam è minore rispetto a uno strike out. La differenza è dettata dalla competenza del marketer e da quanto bene collega la sua offerta ai desideri del suo pubblico. In affari si possono avere offerte di tipo: "+1 punto o "+2 punti" che mantengono il gioco in movimento, pagano le bollette e tengono accese le luci. Ma, a differenza del baseball, dove un grande slam segna un massimo di quattro punti, un'offerta grande slam vincente nel mondo degli affari può farti guadagnare una cifra mille volte superiore. Sarebbe come battere la palla da baseball così forte che con un singolo colpo vinci automaticamente ogni campionato per i prossimi cent'anni.

Ci vogliono anni di pratica per essere capaci di mandare la palla oltre gli spalti in Major League facendolo sembrare facile. La postura, la visione, la previsione, la velocità della palla, la velocità della mazza e la posizione dell'anca devono essere perfette. Nel marketing e nell'acquisizione di clienti (il processo per ottenere nuovi clienti), ci sono altrettanti fattori che devono allinearsi per "centrare l'obiettivo". Ma con la giusta pratica e abilità, puoi diventare un tutt'uno con l'acquisizione, nonostante le sfide che ti si presenteranno ogni giorno, come nel baseball sarai capace in finale di mandare un'offerta dopo l'altra in fuoricampo. Per tutti gli altri, il tuo successo sembrerà incredibile. Ma per te, sarà solo "un altro giorno di lavoro". I migliori giocatori di baseball non sono estranei allo strikeout, proprio come i più grandi venditori hanno sofferto molti rifiuti durante le loro offerte. Impariamo le nostre competenze attraverso il fallimento e la pratica.

Lo facciamo sapendo che nove volte su dieci sbaglieremo. E nonostante ciò agiamo comunque con audacia, nell'attesa dell'offerta che ci garantirà il gran successo.

La buona notizia è che in affari, è sufficiente una sola grande offerta per ritirarsi per sempre. L'ho fatto quattro o cinque volte nella mia vita. Per quanto riguarda il mio curriculum, posso vantare un rapporto di rendimento di 36:1 sui miei investimenti pubblicitari nel corso della mia carriera aziendale. Ciò significa che per ogni $1 che spendo in pubblicità ne ottengo $36 indietro, un rendimento del 3600%. Questa è la mia _media_ degli ultimi otto anni. E continuo a migliorare.

 Copyright © 2024 da ACQUISITION.COM LLC NON PER LA DISTRIBUZIONE

Questo libro è il mio tentativo di condividere quella capacità con te, con un focus specifico sulla costruzione di grandi offerte, in modo che tu possa sperimentare gli stessi livelli di successo. È anche il primo di una serie di libri destinati ad aiutare gli imprenditori a raggiungere la libertà finanziaria, in parole povere "soldi a catinelle". I libri successivi di questa serie esamineranno più a fondo come ottenere più clienti, convertire maggiori potenziali clienti in clienti effettivi, rendere quei clienti più preziosi e altre lezioni che avrei voluto avere a disposizione durante il mio percorso.

Suggerimento Professionale: Imparare più Rapidamente Leggendo e Ascoltando in Contempo

Ecco un trucco che ho scoperto molto tempo fa... Se ascolti l'audiolibro mentre leggi l'eBook o il libro fisico, aumenterai la tua velocità di lettura e tratterrai più informazioni. I contenuti vengono memorizzati in più parti del tuo cervello. È così che leggo la maggior parte delle cose che valgono la pena di essere lette. Se vuoi provarlo, vai avanti e prendi la versione audio e vedi tu stesso. Potresti trovarla preziosa quanto l'ho trovata io (come qualcuno che fa fatica a rimanere concentrato). Ho impiegato due giorni per leggere questo libro ad alta voce e registrarlo. Ho pensato di mettere questo "trucco" all'inizio del libro così avresti avuto la possibilità di farlo se avessi trovato questo primo capitolo abbastanza utile da meritare la tua attenzione.

SEZIONE I
Come Siamo Arrivati Qui

La Brutta Verita

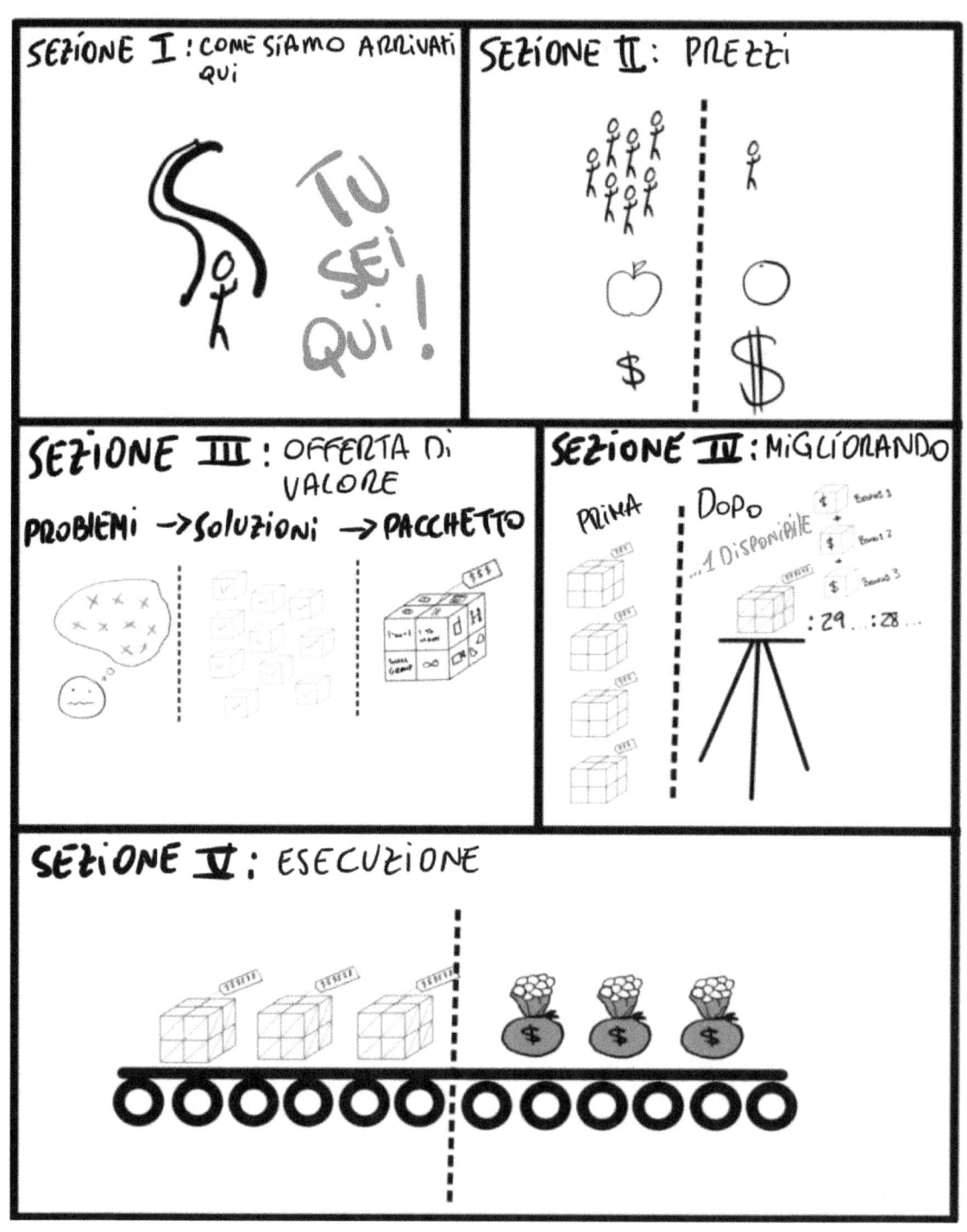

 Copyright © 2024 da ACQUISITION.COM LLC NON PER LA DISTRIBUZIONE

COME SIAMO ARRIVATI QUI

"La magia troverà coloro che hanno il cuore puro, anche quando tutto sembra perduto."

- Morgan Rhodes

24 dicembre 2016. Vigilia di Natale.

La stanza era buia come pece. Le mie scarpe si incollavano al pavimento ricoperto di soda secca e pezzetti di caramella schiacciata. Le mie narici piene del profumo di popcorn raffermo. Eravamo arrivati troppo tardi per prendere dei buoni posti e finimmo per essere stipati vicino alla parte anteriore del cinema. A poche file di distanza da me, la vivida proiezione del film occupava tutto il mio campo visivo. Nella luce riflessa, potevo vedere i contorni dei volti della famiglia di Leila. Sembravano ipnotizzati.

Li invidiavo. Erano seduti, rapiti, godendosi il loro tempo libero pagato per Natale. *Sarebbe stato bello.*

Chiunque altro non avrebbe capito il mio stato, ma Leila, la mia compagna, mi conosceva troppo bene. Chiunque altro avrebbe pensato che stessi guardando il film, ma Leila poteva capire che stavo fissando lo schermo, i miei occhi non seguivano il film. Il mio viso era pallido. Le mie ossa del viso e la mascella sembravano scavate. Settimane di stress cronico avevano ucciso il mio appetito.

"Cosa c'è che non va?" chiese lei.

Non risposi.

Posò la mano sulla mia per catturare la mia attenzione. Non risposi. In pochi attimi, le sue dita si avvinghiarono al mio polso e mi guardò, cercando i miei occhi. "il tuo cuore sta battendo forte", sussurrò preoccupata.

Senza chiedere il permesso, prese il mio polso.

Era di 100 battiti al minuto, quasi il doppio di quello che dovrebbe essere per un uomo di 27 anni in buona forma "a riposo" in una stanza fresca e buia.

"Cosa sta succedendo?" chiese con più vigore, ma sempre sussurrando.

La verità è che ero terrorizzato.

Copyright © 2024 da ACQUISITION.COM LLC NON PER LA DISTRIBUZIONE

Sembravo un gigante. Ero seduto su una piccola sedia da gioco per bambini. Le ginocchia toccavano quasi il petto, nonostante i piedi fossero ben piantati su un vecchio pavimento in moquette beige. Il mio laptop si scaldava mentre era poggiato sulle mie ginocchia. Bambole e giocattoli erano sparsi intorno a me. Mi guardavano con occhi spalancati e sorrisi a denti stretti, immobili. Ero stato il loro intrattenimento nelle ultime settimane.

Ero a casa dei genitori di Leila. Erano diventati da poco nonni e usavano questa stanza di riserva come sala giochi quando i nipoti venivano a trovarli. Non avevo un posto dove vivere, quindi ci avevano permesso, a me e a Leila, di stare lì "finché ne avevamo bisogno". Mi avevano lasciato usare la sala giochi dei bambini come ufficio per la mia "attività", che a quel punto sembrava quasi altrettanto immaginaria come le storie che raccontavano ai loro nipoti in quella stanza.

Sentivo anch'io di essere coinvolto in un gioco di apparenze. Solo che ciò che c'era i gioco era reale.

Le mie orecchie erano rosse e calde perché il telefono era stato premuto contro di esse per un periodo di tempo che sembrava un'eternità. Continuavo a cambiare mano perché le braccia si stancavano a tenere il telefono così a lungo.

"Mi dispiace signor Hormozi", disse la voce dall'altro capo del telefono, "dobbiamo trattenere questi fondi per i prossimi sei mesi. Abbiamo trovato diverse attività irregolari, quindi questa scelta è precauzionale."

"Mi stai prendendo in giro, 120 mila dollari," ho detto. "Una precauzione'!?"

"Mi dispiace signore, è il nostro team di valutazione -"

"Sì, ho capito", ho detto, interrompendolo. "Non sono d'accordo."

"Signore, non dipende da me, è solo la nostra poli-"

"Cosa dirò al mio commerciale, che ha già un bambino e un altro in arrivo? Gli dirai che non potrà comprare cibo per sua moglie incinta e per il neonato? Gli pagherai il mutuo?"

Ero furioso.

"Signore -" ha iniziato di nuovo, con apatia immutata, cercando solo di consegnare la notizia.

 Copyright © 2024 da ACQUISITION.COM LLC NON PER LA DISTRIBUZIONE

"Non sono soldi vostri!." La mia aggressività stava rapidamente diventando disperazione. "Cavolo, mandami almeno la metà così posso pagare i miei dipendenti," dissi supplicando. "È la vigilia di Natale."

"Signore, tratteremo l'intero importo dei suoi fondi per i prossimi sei mesi in base alle regole in vigore . . ." La voce svanì in lontananza.

Fanculo.

Ho riattaccato e controllato i miei conti. *$23.036.*

Dovevo un assegno di commissione di $22.000 al mio commerciale per $120.000 di vendite che non ho mai ricevuto. Senza voler darmi l'opportunità di pensarci, gliel'ho trasferito.

-$22.000 Pagamento effettuato con successo.

Saldo $1.036.

Fanculo.

Ho fatto uno screenshot del mio conto in banca perché sapevo che un giorno avrei raccontato questa storia.

***

Copyright © 2024 da ACQUISITION.COM LLC NON PER LA DISTRIBUZIONE

La luce del sole mi accecò mentre uscivamo dal cinema nel pomeriggio. Le famiglie uscivano ed entravano dalle porte girevoli, creando i loro ricordi felici. Ero stordito. Leila mi portò alla macchina, la sua mano avvolta saldamente intorno alla mia.

"Cosa c'è che non va? Cosa è successo?" chiese lei.

"I soldi non arriveranno."

"Cosa intendi?" chiese lei. "Sono in ritardo?"

Esalai in sconfitta. "Li tengono tutti loro".

"Possono farlo!?"

"A quanto pare", dissi stoicamente, cercando di mantenere la mia compostezza davanti ai suoi genitori.

"Cosa farai per le commissioni?"

"Gli ho già pagato tutto", dissi senza guardarla.

La preoccupazione di Leila si trasformò in paura.

Siamo rimasti in silenzio per tutto il tragitto verso casa. Stavo fissando fuori dal finestrino. Lei teneva la mia mano nella sua. Era più confortante di quanto avessi previsto. *Ce la faremo.*

30 giorni prima

Avevo deciso di investire tutto in questo nuovo business che avevo chiamato "Gym Launch". L'idea era la seguente: avrei volato in giro per il paese per riempire le palestre fino alla capienza massima utilizzando una nuova metodologia che si basava su un'offerta che avevo perfezionato quando possedevo la mia catena di palestre.

Prima di questo momento avevo venduto cinque delle mie sei palestre. I fondi ricavati dalla vendita, il lavoro di una vita, li avevo messi in un conto con un nuovo partner. Questi soldi dovevano essere il capitale iniziale per la nostra nuova azienda.

Finalmente stavo per raggiungere un certo livello di successo.

Suonò la sveglia. Con gli occhi ancora chiusi, spostai la mano alla cieca sulla mensola del comodino. Spensi la sveglia, mentre Leila riuscì a dormire attraverso il frastuono.

Copyright © 2024 da ACQUISITION.COM LLC NON PER LA DISTRIBUZIONE

Rimasi lì in silenzio, guardando i conti in banca - un rituale quotidiano. Il saldo indicava $300. Aspetta. Non poteva essere giusto. Ieri c'erano $46.000.

L'adrenalina mi assalì. Guardando più da vicino vidi "-*$45.700 Pagamento Riuscito*". Ero frenetico.

I soldi della vendita di tutte le mie palestre erano spariti. Controllai dove erano andati i soldi. Al mio "partner". Aveva preso tutti i soldi.

Cazzo.

Gli ultimi quattro anni della mia vita erano svaniti d'un colpo. Non avevo più niente. Nessuna palestra. Nessuna attrezzatura. Nessun dipendente. Nulla.

Mi sentivo morire dentro.

Come se non bastasse, lo stesso mese, a causa di un incidente stradale mia madre era in condizioni critiche (ed era ancora sotto osservazione) e io avevo distrutto la mia macchina in una collisione frontale a 60 miglia all'ora, guadagnandomi come premio di consolazione una condanna per guida in stato di ebbrezza.

Questo era il colpo di grazia. La mia unica salvezza in quel periodo era stata vendere una nuova offerta ad una palestra e raccogliere tutto il denaro in anticipo come "onorario" per rivitalizzare la loro attività.

Così feci l'unica cosa che sapevo fare. *Vendere*. Il mio commerciale aveva fatto $120.000 in un solo mese, e gli dovevo un assegno di commissione di $22.000.

Il problema era che i $120.000 non arrivarono mai.

"Dobbiamo parlare", dissi mentre io e Leila entravamo nell'altra stanza. Ho raccolto il coraggio di parlare ma fissavo il pavimento, imbarazzato.

"Non ho niente", le dissi. "Sono una nave che affonda, e non devi restare con me".

Lei prese il mio mento e mi tirò su il viso verso di lei per guardarmi negli occhi: "Dormirei con te sotto un ponte se fosse necessario." Avrei pianto lacrime di gioia, ma ero così emotivamente esaurito che la mia risposta sembrò apatica.

Non starei con me.

"Quindi lanciamo ancora quei progetti a partire da domani?", chiese. "Tutti i miei amici hanno lasciato il lavoro per fare questo." Era pragmatica, ma comunque mi ferì. Mi sentivo sconfitto. "Ascolta, questo potrebbe andare terribilmente storto."

"Mi fido di te. Troveremo una soluzione."

Copyright © 2024 da ACQUISITION.COM LLC NON PER LA DISTRIBUZIONE **9**

A quel punto avevo due cose: un'offerta incredibile e una vecchia carta di credito aziendale con un limite di $100.000 da quando avevo le mie palestre.

Il giorno dopo Natale (due giorni dopo la telefonata che mi aveva fatto venire il mal di pancia con il processore di pagamento) avevamo programmato il lancio di sei nuove palestre ... contemporaneamente. Tra voli, alberghi, auto a noleggio, benzina e spese pubblicitarie (tutte moltiplicate per sei), avrei speso $3.300 al *giorno* che non avevo. Il mio ultimo dollaro l'ho usato per pagare il mio commerciale. Ricordo ancora la mia mano che tremava mentre gli annunci diventavano attivi: Off→ *ON*.

Proprio così, stavo andando in debito a una velocità di $412 all'ora lavorativa. Proprio così, $3.300 al giorno iniziavano ad essere detratti dal mio conto.

-$3.300 . . . ora ufficialmente non ho più niente

-$3.300 . . . ora ho ufficialmente meno di niente

-$3.300 . . . ho $10.000 in meno di niente

-$3.300 . . . questa singola decisione rovinerà il mio futuro per sempre.

Ma le cose hanno cominciato a migliorare. Ecco cosa è successo quel mese (gennaio 2017), come documentato dai miei vecchi registri. Puoi vedere il mese lungo la colonna di sinistra e il fatturato raccolto quel mese lungo la colonna di destra.

	autorizzazioni in attesa		Oneri		Rimborsi		rtns/chgbks		Vuoti		Declina		Totali	
	Conto	Saldo	Conto	Saldo	Conto	Saldo	Conto	Saldo	Conto	Saldo	Conto	Aprvl Pct	Conto	Saldo
01/2017	0	$0.00	348	$102,605.64	7	$-2,488.33	0	$0.00	12	$2,002.98	148	70%	515	$100,117.31
02/2017	0	$0.00	847	$190,809.50	56	$-13,243.77	1	$-166.00	5	$1,247.00	232	78%	1141	$177,399.73
03/2017	0	$0.00	782	$177,820.58	61	$-12,701.50	4	$-997.00	21	$3,458.50	285	73%	1153	$164,122.08
04/2017	0	$0.00	704	$204,461.25	49	$-10,725.00	10	$-6,315.00	2	$-50.00	354	67%	1119	$187,421.25
05/2017	0	$0.00	191	$260,754.00	4	$-797.00	11	$-16,984.00	0	$0.00	42	82%	248	$242,973.00
06/2017	0	$0.00	214	$272,835.00	5	$-1,498.00	30	$-55,375.00	0	$0.00	1	100%	250	$215,962.00
07/2017	0	$0.00	282	$316,917.98	0	$0.00	21	$-23,450.00	0	$0.00	7	98%	310	$293,467.98
08/2017	0	$0.00	346	$393,370.62	0	$0.00	28	$-32,998.99	1	$100.00	45	88%	420	$360,371.63
09/2017	0	$0.00	478	$543,376.29	1	$-1,000.00	64	$-65,792.00	0	$0.00	41	92%	584	$476,584.29
10/2017	0	$0.00	799	$828,709.31	7	$-5,798.00	50	$-49,887.00	8	$8,000.00	31	96%	895	$773,024.31
11/2017	0	$0.00	1076	$1,132,319.31	8	$-8,000.00	66	$-64,296.00	1	$1.00	92	92%	1243	$1,060,023.31
12/2017	0	$0.00	1315	$1,363,956.31	13	$-17,296.00	83	$-82,099.00	1	$1,000.00	111	92%	1523	$1,264,561.31
01/2018	0	$0.00	1609	$1,621,972.81	15	$-28,175.00	97	$-88,995.00	8	$9,000.00	102	94%	1831	$1,504,802.81
Totale	0	$0.00	8991	$7,409,908.60	226	$-101,722.60	465	$-487,354.99	59	$24,759.48	1491	86%	11232	$6,820,831.01

Abbiamo fatto 100.117 dollari! Bastava appena per coprire i 3.300 dollari al giorno che erano stati addebitati sulla carta di credito. In realtà stava funzionando. A stento potevo crederci. Ho lanciato un disperato tentativo e l'universo l'ha intercettato. Sono passato dal cercare avvocati per la bancarotta a capire cosa fare con 3.000.000 di profitti, accumulati nei primi dodici mesi. Era surreale. E con il senno di poi, lo è ancora un po'.

 Copyright © 2024 da ACQUISITION.COM LLC NON PER LA DISTRIBUZIONE

Alla fine dell'anno stavamo guadagnando più di $1.500.000 al mese. Dodici mesi dopo, $4.400.000 al mese. Al. Mese. Ventiquattro mesi dopo, abbiamo superato i $120.000.000 in vendite, donato $2.000.000 per finanziare l'uguaglianza di opportunità nelle aree a basso reddito. Abbiamo incontrato e stretto amicizia con Arnold Schwarzenegger (uno dei miei idoli) e ci è stato chiesto di diventare membri del consiglio della sua organizzazione benefica *After School All Stars*

Io e Leila abbiamo incontrato Arnold Schwarzenegger a casa sua. Ora facciamo parte del consiglio nazionale della sua organizzazione beenefica After School All Star. La creazione di Offerte Grande Slam ci ha dato accesso a persone di cui avevamo solo sognato.

Dodici mesi dopo, ora abbiamo un portafoglio per sette aziende a otto cifre e multi-otto cifre in una varietà di settori (fotografia, pubblicazione, fitness, consulenza aziendale, bellezza) e tipi di business (catene di negozi fisici, software, servizi, e-commerce, formazione ed educazione). Le nostre aziende del portafoglio ora fatturano circa $1.600.000 a settimana (e sono in crescita).

Lo dico perché sinceramente non posso crederci. Tutto questo è accaduto grazie ad una ragazza che ha creduto in me, una carta di credito e una Offerta Grande Slam.

So di averti teletrasportato dalla miseria alla ricchezza. E la domanda naturale è: *come?* È di questo che ti parlerò nel resto di questo libro (e nei libri e corsi gratuiti rimanenti di questa serie di Acquisition.com).

Mi ha salvato dalla bancarotta e probabilmente mi ha salvato la vita. Ho commesso così tanti errori nella mia vita. Ho preso così tante decisioni sbagliate. Ho ferito le persone consapevolmente e no. Ho fatto cose brutte con buone intenzioni. Lo dico perché sono umano. Non pretendo di avere l'omniscienza. Ho i miei demoni che combatto ogni giorno.

Copyright © 2024 da ACQUISITION.COM LLC NON PER LA DISTRIBUZIONE

Ma, nonostante i miei molteplici difetti, sono comunque riuscito a diventare davvero bravo in *una* cosa . . . e vorrei condividerla con te. Posso insegnarti come costruire grandi offerte.

Non so chi tu sia (sì, tu che stai leggendo). Ma grazie dal profondo del mio cuore. Grazie per avermi permesso di fare un lavoro che trovo significativo. Grazie per avermi dato il tuo bene più prezioso – la tua attenzione. Prometto di fare del mio meglio per darti un rendimento positivo.

Ecco la tua prima buona notizia: se stai leggendo questo pezzo, sei già nella top 10%. La maggior parte delle persone compra qualcosa e poi la ignora prontamente. Posso anche anticipare una cosa: più avanzi nel libro, più grandi diventeranno i tesori. Vedrai.

Il mondo ha bisogno di più imprenditori. Ha bisogno di più combattenti. Ha bisogno di più magia. Ed è quella che sto condividendo con te – magia.

 Copyright © 2024 da ACQUISITION.COM LLC NON PER LA DISTRIBUZIONE

Offerta Grande Slam

"Crea offerte così allettanti che le persone sarebbero stupide a dire di no."

-Travis Jones

Ero un ventitreenne e, per citare Ruth di Ozark, non sapevo "una mazza di nulla". Ma eccomi qui, in una camera d'albergo di lusso a Las Vegas insieme a dieci proprietari di attività commerciali che imparavano di marketing e vendite... con indosso la mia maglietta "beast mode" più alla moda (una maglietta che avevo ricevuto gratuitamente e una delle cinque magliette che possedevo all'epoca).

Sinceramente, ero ansioso, autoconsapevole di poter fare un enorme errore. Avevo pagato 3.000 dollari che non avevo per avere un posto a quel tavolo. Sapevo di dover imparare. Tutti lì avevano un'attività commerciale . . . tranne me. Avevo in mente di aprirne una, una palestra.

TJ, l'organizzatore, aveva diverse attività commerciali di successo. Mentre andava avanti con l'agenda, ricordo che fece un commento brusco sul fatto di fare 1.000.000 di dollari quell'anno.

Un Milione. Di. Dollari. Ero incantato. *Voglio essere come questo ragazzo. Farò qualsiasi cosa.* Il problema era che non sapevo di cosa stessero parlando. KPI? CPL? Tassi di conversione? Mi girava la testa mentre io ho fatto finta di sapere di cosa parlavano. Ma non lo sapevo, e non sono bravo a fingere.

Tra una "sessione" e l'altra, TJ mi ha incrociato. Poteva capire che ero completamente perso. TJ era gentile, curioso e premuroso. Dopo un po' di chiacchiere, mi fece una semplice domanda che cambiò la mia vita per sempre . . .

"Vuoi conoscere il segreto delle vendite?"

Non avevo mai venduto niente nella mia vita. Non avevo mai letto un libro al riguardo.

Avevo appena imparato il significato del termine (seriamente). Mi avvicinai a lui, intenzionato a scaricare ogni sillaba che avrebbe detto direttamente nel mio cervello.

Aprii il mio blocco note e fissai con attenzione. Ero pronto per *il segreto*.

Mi guardò seriamente e disse: "Crea offerte così allettanti che le persone sarebbero stupide a dire di no."

Ho annuito, scritto, sottolineato e cerchiato. E con questo, il mio intero mondo delle vendite è stato trasformato.

OFFRI AIIE PERSONE UN OFFERTA COSÌ VANTAGGIOSA CHE SI SENTIREBBERO STUPIDE A DIRE DI NO.

La mia mente iniziò a correre. Non dovevo essere abile . . .o anche bravo. Dovevo solo inventare cose alle quali chiunque avrebbe detto di sì. Il più grande gioco della mia vita era appena cominciato.

Di Cosa Parla Questo Libro

Ad un certo punto, ogni imprenditore di successo era un voglimprenditore (wantrepreneur). Una persona piena di idee e frustrata dal potenziale inutilizzato. Qualcosa scatta quando si rendono conto dell'orribile scambio che fanno (e che tante persone fanno) - scambiare la loro libertà per una sicurezza (falsamente) percepita.

Il loro disagio si accumula. E una volta che il disagio di restare immobili supera il disagio del cambiamento, prendono il coraggio di fare il grande salto. *Voglio diventare imprenditore per poter essere libero. Libero di fare ciò che voglio, quando voglio e con chi voglio.*

Alcuni hanno imparato l'imprenditoria attraverso lo sviluppo personale

Altri sono entrati in questo mondo tramite una franchising.

Altri hanno comprato corsi.

E altri hanno detto semplicemente: "F*CK IT. Lo faccio. Ci riuscirò."

E ci sono riusciti.

Molti di noi aprono un'attività con l'intenzione di aiutare le persone in qualche modo. Spesso, questo aiuto è in qualche modo legato a qualcosa che ci ha toccati personalmente. Ci proponiamo di "guadagnare" fornendo valore agli altri aiutandoli a risolvere un problema che un tempo ci affliggeva. Ma a volte questo non è il nostro punto di partenza. In entrambi i casi, ci aggrappiamo al sogno di guadagnare di più e di essere più liberi di quanto lo siamo ora.

 Copyright © 2024 da ACQUISITION.COM LLC NON PER LA DISTRIBUZIONE

Molti di noi pensavano, ingenuamente, che possedere un'attività sarebbe stata la loro più grande conquista - la destinazione finale - quando in realtà era solo l'inizio.

Tra l'essere appassionati di aiutare gli altri e entrare nel mondo delle imprese, abbiamo pian piano capito che non avevamo idea nemmeno di come funzionassero le base degli affari, figuriamoci come fare soldi.

Sappiamo un sacco sulla nostra passione, sul perché abbiamo iniziato questa attività, ma ciò non vuol dire che sappiamo garantire il successo negli affari. Contrariamente a ciò che potrebbe pensare un idealista, avere successo negli affari significa convincere i potenziali clienti a darci i loro soldi in cambio dei nostri servizi. Questo è l'accordo. L'unico modo per facilitare questo scambio, per effettuare una transazione, *è di fare un'offerta al potenziale cliente.*

Ma insomma cos'è un'Offerta?

L'unico modo per gestire un'attività è tramite lo scambio di valore, il commercio di denaro per valore. L'offerta è ciò che dà inizio a questo scambio. In poche parole, l'offerta sono i beni e i servizi che si accetta di fornire, come si accetta il pagamento e i termini dell'accordo. È ciò che *inizia* il processo di acquisizione di clienti e di guadagno di denaro. È la prima cosa con cui qualsiasi nuovo cliente interagirà nella tua attività. Poiché l'offerta è ciò che attira nuovi clienti, è la linfa vitale della tua attività.

Niente offerta? Niente attività.

Offerta scarsa? Profitto negativo. Niente attività. Vita infelice.

Offerta decente? Nessun profitto. Attività stagnante. Vita stagnante.

Buona offerta? Un po' di profitto. Attività accettabile. Vita accettabile.

Offerta da Grand Slam? Profitti fantastici. Attività eccezionale. Libertà.

Questo libro aiuta gli imprenditori a creare queste offerte da Grande Slam. Sono quelle offerte così efficaci, redditizie che ti cambiano la vita e sembrano essere il risultato della fortuna! Almeno, è così che appare ad un occhio inesperto.

Come probabilmente sai ora, ho creato migliaia di offerte nell'ultimo decennio. La maggior parte sono fallite. Alcune sono andate bene. E alcune hanno colpito nel segno. . . ma non ho mai *davvero* saputo il perché. Come ha detto il famoso professore di Stanford, il Dr. Burgelman, è molto meglio aver capito perché hai fallito piuttosto che essere ignoranti sul perché hai avuto successo.

Ma, man mano che i dati hanno cominciato a giungere, ciò che sembrava "fortuna" e "destino" si è rivelato essere un modello ripetibile. Sono stato sufficientemente fortunato da colpire l'obiettivo abbastanza volte da documentare questi modelli e ho avuto "il colpo di fulmine due volte".

Ho organizzato i passaggi e i componenti di quei modelli in un formato chiaro e pratico, in modo che siano davvero di aiuto. Ora. Proprio adesso. Ti sto dando la possibilità di agire. Invece di un libro noioso ma comune con teorie aziendali generiche e autoesaltazione intellettuale.

I Due Principali Problemi Che Affrontano La Maggior Parte Degli Imprenditori, e Come Questo Libro li Risolve

Nonostante tu *possa* elencare chilometri di problemi che affronti, che è un modo efficace per stressarti, la maggior parte di questi problemi derivano solitamente da due grandi sfide:

1) Non avere abbastanza clienti

2) Non avere abbastanza denaro (profitto in eccesso alla fine del mese)

Sembra ovvio, giusto? Ottenere più clienti costa più denaro e tempo, risolvendo così il primo problema, e questi soldi vengono dal margine di profitto, creando il secondo problema! Ancora più fastidioso, i potenziali clienti confrontano e sminuiscono brutalmente i nostri servizi a favore di alternative più economiche e di qualità inferiore – con il più economico che "vince". Questo accade, naturalmente, quando "vincere" significa lavorare di più per ancora meno (faccina triste).

Supponiamo che tu abbia ridotto i prezzi per ottenere più clienti. Potresti anche avere un'agenda piena di clienti. Ma eccoti qui, a fatica, a causa dei margini di profitto troppo sottili. La "concorrenza" diventa una corsa verso il basso.

Se stai lottando con uno o entrambi i problemi, non sei solo. Ci sono passato anche io. Perdio, penso che *ogni* imprenditore abbia le stesse sfide.

Voglio anche che tu sappia che non è colpa tua. I modelli convenzionali non sono stati pensati per massimizzare il profitto. Sono stati progettati da aziende che hanno un sacco di finanziamenti e possono operare in perdita per *anni*. Quando questi approcci vengono applicati nella vita reale, i proprietari di attività faticano appena a "farcela". Fondamentalmente si ritrovano a "comprarsi un lavoro" e lavorano 100 ore a settimana per evitare di lavorarne 40. Un affare poco conveniente. La mia ipotesi è che, se sei come me, aspiri a qualcosa di migliore. Perciò mantieni la mente aperta. I contenuti di questo libro, se messi in pratica, possono completamente trasformare la tua attività… e rapidamente. Non importa se non sei appassionato di numeri o modelli di business. Io ho

Copyright © 2024 da ACQUISITION.COM LLC NON PER LA DISTRIBUZIONE

già fatto tutto il lavoro per te. Ti guiderò attraverso il processo passo dopo passo in queste pagine. Spiegherò nel dettaglio entrambi i grandi problemi che abbiamo menzionato in precedenza, inclusi i motivi per cui non funzionano. Poi ti mostrerò le soluzioni. E per concludere questa avventura, ti spiegherò come migliorare il valore per massimizzare quanto guadagni per ogni cliente, in modo da poter fare marketing meglio di tutti gli altri e guadagnare più soldi.

Utilizziamo questo modello di offerta per ogni settore con cui collaboriamo (chiropratici, dentisti, palestre, agenzie, idraulici, installatori di tetti, passeggiatori di cani, prodotti fisici, software, negozi fisici e molti altri ancora), ed è sorprendente quanto rapidamente le cose possano migliorare con ciascuno di loro quando adottano questo approccio.

Cosa ci guadagni?

Ho commesso tutti gli errori di business (stupidi) del libro. Ora puoi imparare dai miei imbarazzanti e costosi errori da milioni di dollari senza doverli provare tu stesso e subirne il dolore.

Costruire queste attività è stato un viaggio molto difficile ed emotivo per me. Non cambierei queste esperienze per niente al mondo. Tuttavia, se questo libro aiuta anche un solo imprenditore a evitare di soffrire come ho fatto io, a mantenere aperta la propria attività o a realizzare i propri sogni, ne varrà la pena.

Se sei disposto a scambiare il tempo che impieghi per guardare due episodi della tua serie tv preferita e studiare davvero questo libro – e se *implementi* anche solo un singolo componente nella tua offerta -- Posso garantirti che vedrai un aumento dei clienti e un incremento del tuo fondo cassa. Leggere questo libro e metterlo in pratica sarà il miglior investimento di tempo per la tua attività. Nessun altro strumento ti fornirà la stessa capacità di fare ciò che questo libro può offrire, e tutto questo in un'unica soluzione. Questa è una promessa.

Come vantaggio secondario – implementare una nuova offerta è una delle cose più facili da fare in un'attività. Quindi, *puoi davvero farlo*. Non si tratta di tecniche manageriali o di costruzione della cultura aziendale. Queste sono le vere fondamenta su come vendere prodotti e servizi per ottenere grandi profitti.

Cosa c'è Per Me?

Metto a disposizione gratuitamente o a pagamento tutti questi materiali (come questo libro, il corso accompagnatorio e tutti gli altri libri e corsi che puoi trovare su Acquisition.com) per aiutare il maggior numero possibile di persone a crescere e servire meglio. E ho creato tutto ciò con l'intenzione di fornire più valore di quanto si possa ottenere da un corso da $1000, da qualsiasi programma di coaching da $30.000 e molto di più di una laurea universitaria da $200.000. E faccio questo perché, anche se potrei vendere questi materiali in quel formato, *semplicemente non voglio farlo*. Ho fatto soldi *facendo* queste cose, non *insegnando come farle*, a differenza della maggior parte della comunità di marketing. Quindi il mio modello è diverso (spiegherò maggiormente tra poco).

Detto questo, ci sono due archetipi chiave ai quali intendo fornire valore con i miei materiali pubblicati. Per il primo archetipo I, *gli* imprenditori con un fatturato *inferiore* a $1.000.000 all'anno in <u>profitto</u>, il mio obiettivo è aiutarti a raggiungere questo obiettivo e *guadagnare la tua fiducia*. Inizia con un paio di tattiche da questo libro, controlla se funzionano, poi passa ad altre. Continua così. Più osservi risultati nella tua attività, tanto meglio.

Una volta raggiunto il successo, diventerai l'archetipo II, gli imprenditori con un fatturato annuo *minimo* di $1.000.000 in <u>profitto</u>. Una volta arrivato lì, o se sei già lì, sarei onorato di investire nella tua attività e aiutarti a superare i $30 milioni, $50 milioni o più di $100 milioni. Non vendo coaching, master, corsi o cose del genere. Ho un portafoglio di aziende in cui ho un interesse patrimoniale. Utilizzo l'infrastruttura, le risorse e le squadre di tutte le mie aziende per accelerare la loro crescita.

Ma non fidarti ancora di me...*ci siamo appena conosciuti*.

Se sei curioso, <u>il mio modello di business è semplice</u>, <u>proprio come il logo della piramide in quattro parti:</u>

(1) Offrire valore senza alcun costo, che eccede quello che il resto del mercato propone a pagamento.

(2) Far sì che gli imprenditori utilizzino materiali che funzionano effettivamente e guadagnino aiutando più persone possibili.

(3) Ottenere la fiducia dei proprietari di attività di successo che utilizzano i miei consigli per ampliare le loro attività.

(4) Investire in quelle attività per avere un impatto più grande a livello di scalabilità, aiutando allo stesso tempo tutti gli altri gratuitamente.

Copyright © 2024 da ACQUISITION.COM LLC NON PER LA DISTRIBUZIONE

Sono consapevole che questi imprenditori possono implementare i modelli che ho senza bisogno di assistenza, e quindi molto probabilmente saranno in grado di ottenere successo anche con il prossimo insieme di modelli (raggiungere $30M, $50M, $100M è differente rispetto a raggiungere $3M-$10M). Sanno che il mio stile funziona per loro, perché lo ha già fatto. Quindi operiamo sulla base di una fiducia condivisa-

Io confido che lo possano eseguire, e loro si fidano che la nostra roba funzioni - ancora una volta, perché lo ha già fatto…. il tutto aiutando tutti gli altri….gratis. Ciò mi consente di evitare preventivamente i fallimenti e di aumentare notevolmente la probabilità di successo. Lasciate che vi mostri di quanto….

Al momento della scrittura di questo testo, tutte le attività che ho avviato da marzo 2017 hanno raggiunto un tasso di esecuzione di $1.500.000 al mese. Secondo la Small Business Administration, le probabilità che una singola attività raggiunga anche solo $10M all'anno di fatturato sono dello 0,4%, o 1 su 250. Che ciò accada quattro volte di seguito corrisponde a uno 0,4% x 0,4% x 0,4% x 0,4% = una probabilità talmente bassa che si tratta solo di fortuna. Pertanto, posso affermare con convinzione che sappiamo come ricreare il successo utilizzando i sistemi che condivido più e più volte. Funzionano perché sono principi aziendali intemporali.

Ogni giorno mi concentro attivamente sulle sensazioni che provavo svegliandomi nel cuore della notte, con l'ansia che mi attanagliava e la preoccupazione su come avrei fatto a pagare i dipendenti. Questa specie di "meditazione" inquietante mi tiene affamato come imprenditore, ma mi fa anche apprezzare la mia sicurezza e serenità mentale. Desidero il meglio non solo per me, ma anche per te e per chiunque altro sia coinvolto nel proprio cammino.

Abbastanza chiaro?

Bene. Quindi, mettiamoci al lavoro.

Sommario di Base di Questo Libro

Questo libro è pensato per essere una risorsa. Come risorsa, intendo che lo leggerai e lo terrai nei tuoi strumenti essenziali, tornandoci ancora e ancora. Perché? Come dice Einstein, "non memorizzare mai nulla che si possa cercare". Gestire un attività non è uno sport da spettatore. Non ti stai preparando per un esame e non sei un filosofo dall'atteggiamento rilassato.

Tu lavori. E per lavorare, hai bisogno di strumenti. Questo, amico mio, è uno di quegli strumenti.

Sommario generale

- Sezione I: Come siamo arrivati fin qui (l'hai appena finita)

- Sezione II: Prezzo: come addebitare molti soldi per le cose

- Sezione III: Valore: Crea la tua offerta: come creare qualcosa di così buono che la gente si mette in fila per comprarlo.

- Sezione IV: Migliorare la tua offerta: Come rendere la tua offerta così buona da farli sentire stupidi a dire di no.

- Sezione V: Prossimi passi: Come fare in modo che ciò accada nel mondo reale.

Per corsi gratuiti e libri così efficaci da far crescere la tua attività anche senza il tuo consenso, visita: Acquisition.com/training/offers. Puoi anche scansionare il codice QR se non ti piace digitare.

 Copyright © 2024 da ACQUISITION.COM LLC NON PER LA DISTRIBUZIONE

SEZIONE II

PREZZO

Come Addebitare Molti Soldi per Delle Cose

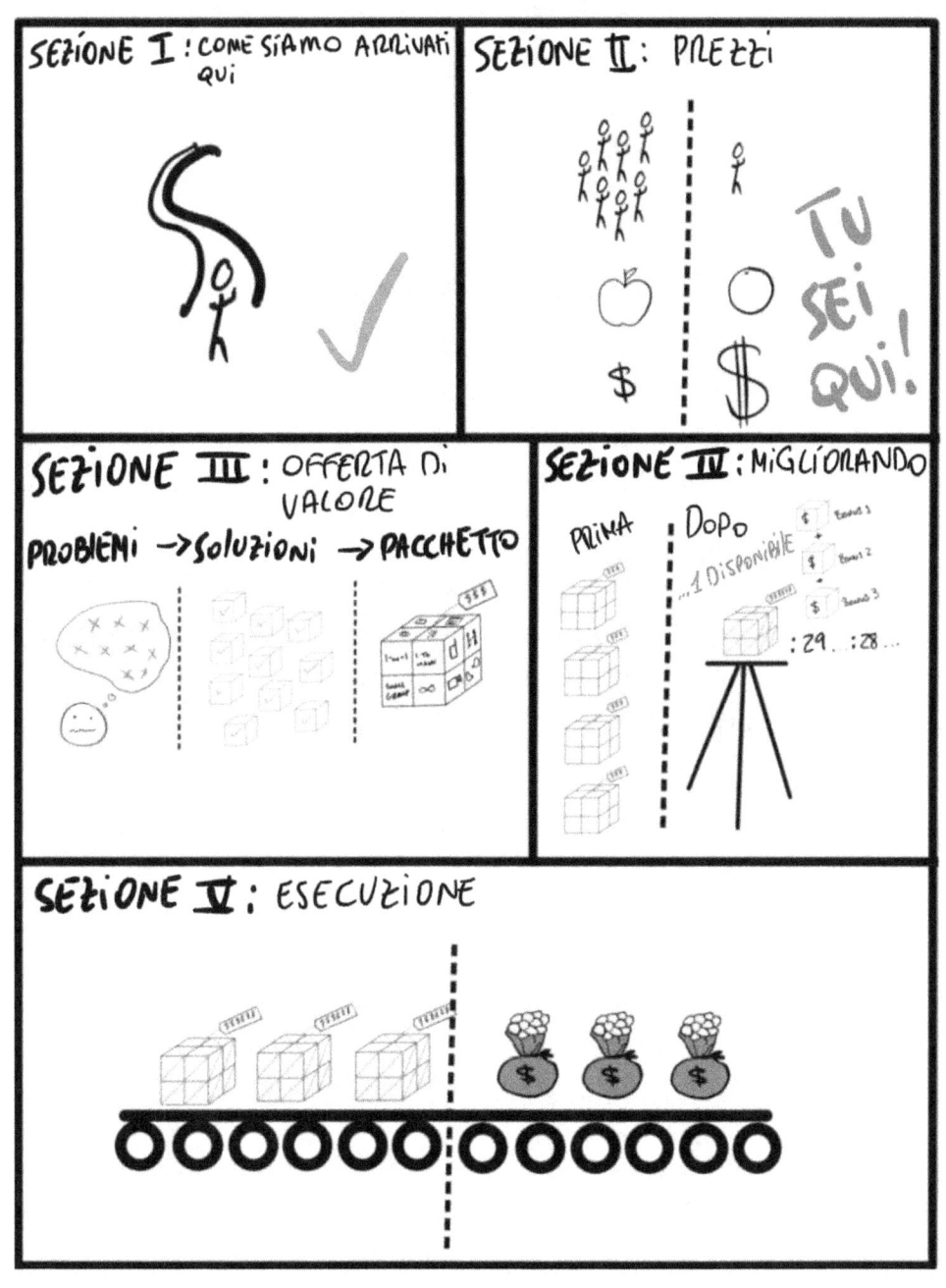

Prezzo: Il Problema Delle Materie Prime

"Pensa in Modo Diverso"

— Steve Job

"Cresci o Muori" è un principio fondamentale nelle nostre aziende. Crediamo che ogni persona, ogni azienda e ogni organismo sia in fase di crescita o di declino. La manutenzione è un mito.

Ciò significa che se la tua azienda non sta crescendo, sta morendo. Questa è una realtà sconcertante per molti di noi. L'ho imparato a mie spese e le mie aziende hanno sofferto a lungo per questo.

Per spiegare meglio, il mercato sta crescendo continuamente. Il mercato azionario cresce del 9 percento ogni anno. Se non stiamo crescendo del 9 percento all'anno, stiamo rimanendo indietro. "Manutenzione", nel senso più generico, sarebbe una crescita del 9 percento anno dopo anno."

Inoltre, se sei in un mercato in crescita, potresti dover crescere del 20-30 percento all'anno solo per stare al passo per non rischiare di rimanere indietro. Quindi puoi vedere come la manutenzione sia un mito.

Quindi, cosa serve per crescere? Fortunatamente, solo tre cose semplici:

1) Ottenere più clienti

2) Aumentare il loro valore medio di acquisto

3) Farli comprare più volte

Questo è tutto.

Certo, ci sono molti modi per acquisire clienti e innumerevoli modi per aumentare il valore dell'ordine e la frequenza di acquisto, ma, semplicemente, sono queste le uniche tre vie per la crescita.

 Copyright © 2024 da ACQUISITION.COM LLC NON PER LA DISTRIBUZIONE

Esempio: Se vendo 10 clienti al mese e un cliente vale $1.000 per me nel corso della loro vita (attraverso il valore medio del carrello x il numero medio di acquisti), allora la mia attività si limiterà a $10.000 al mese (10 x $1.000).

<u>10 Nuovi Clienti/mese x Valore della Vita del Cliente di $1000 = $10.000/mese di massimo fatturato.</u>

Se vuoi crescere, devi vendere più clienti ogni mese (mantenendo margini adeguati) o farli valere di più (aumentando il profitto per acquisto o il numero di volte in cui acquistano). E questo è tutto.

Nota d'Autore- Solo Due Vie per Crescere

Per semplificare ulteriormente questo concetto. Ci sono sostanzialmente solo due modi per crescere: acquisire più clienti e aumentare il valore di ciascun cliente. 'Aumentare il valore di ciascun cliente' ha due sottocategorie: 1) Aumentare il profitto per ogni acquisto 2) Aumentare il numero di volte che acquistano. Ai fini di questo libro, metto in evidenza entrambe queste sottocategorie come percorsi di crescita individuali. Ho fatto ciò perché penso che sarà più facile comprendere i modelli finanziari che verranno presentati nel Volume III. Tutti e tre — acquisire più clienti, aumentare il loro valore medio d'acquisto, e farli acquistare di più — sono temi ricorrenti in questo libro. Ma se cerchi la semplicità, sia l'aumento del valore medio d'acquisto sia l'aumento del numero di volte in cui un cliente acquista portano a un unico risultato: aumentare il valore di ciascun cliente.

Termini di Business

Prima di andare avanti, e per meglio definire i concetti che seguiranno, dovremmo prendere un attimo per definire e comprendere meglio alcuni termini chiave del business. Quando mi trovavo in quella penthouse di Las Vegas con la mia maglietta "beast mode" non sapevo nulla di questi termini. Lasciate che vi aiuti a essere migliori di me.

<u>Margine Lordo</u>: Il profitto meno il costo diretto per servire UN ULTERIORE cliente. Se vendo una crema per $10 e mi costa $2, il mio margine lordo è di $8 o dell'80%. Se vendo servizi di agenzia per $1,000/mese e mi costa $100/mese in manodopera per gestire la pubblicità di quel cliente, allora il mio margine lordo è di $900 o del 90%. Nota: Questo

Copyright © 2024 da ACQUISITION.COM LLC NON PER LA DISTRIBUZIONE

non è il profitto netto. Il profitto netto è ciò che rimane dopo che *tutte* le spese sono state pagate, non solo i costi diretti del servizio.

<u>Valore della Vita del Cliente</u>: Il margine lordo accumulato per l'intera vita di un cliente. Questo è il margine lordo moltiplicato per il numero di acquisti che un cliente medio farà durante la sua vita. Usando l'esempio sopra, se il cliente medio rimane per cinque mesi e paga $1,000/mese, mentre a me costa $100 al mese per soddisfare il servizio, allora il valore della vita del cliente è di $4,500.

Ecco la scomposizione:

Profitti: ($1,000/mese * 90% Margine Lordo * 5 mesi) = $4,500 Valore della Vita del Cliente

(LTV) Nota che i costi indiretti, come amministrazione, software, affitto, ecc., non sono inclusi nella LTV.

Nota: Troverete diverse definizioni del valore della vita del cliente a seconda della fonte. La differenza principale è che alcune fonti contano solo il totale delle entrate, mentre altre si concentrano sul margine lordo nel corso della vita. Mi concentro sul margine lordo. In altri testi, potresti vedermi fare riferimento a questo come **LTGP Lifetime Gross Profit** per maggiore chiarezza.

Acquisti Basati sul Valore VS Acquisti Basati sul Prezzo

Questo libro è stato pensato come un manuale per qualsiasi attività che voglia *crescere*. Ho trascorso (e continuo a trascorrere) centinaia di ore in chiamate e incontri di persona per consigliare gli imprenditori nella creazione delle loro offerte. Ho visto quelle che decollano verso le stelle e quelle che si spengono.

Avere un'offerta da Grande Slam rende quasi impossibile perdere. Ma perché? Che impatto ha? In breve, avere un'offerta da Grande Slam aiuta tutti e *tre* i requisiti per la crescita: ottenere più clienti, farli pagare di più e farli fare ciò più volte.

Come? Ti permette di differenziarti dal mercato. In altre parole, ti consente di vendere il tuo prodotto in base al VALORE, non al PREZZO.

Standardizzati = Acquisti basati sul prezzo (corsa verso il basso)

Differenziati = Acquisti basati sul valore (vendere in una categoria di uno senza confronti.

Sì, il mercato conta, ciò di cui parlerò nel prossimo capitolo

Una merce, come la definisco io, è un prodotto disponibile in molti posti. Per questo motivo, è soggetto ad acquisti basati sul "prezzo" invece che sul "valore". Se tutti i prodotti sono "uguali", allora il più economico è il più conveniente per definizione. In altre parole, se un potenziale cliente confronta il tuo prodotto con un altro e pensa "sono praticamente uguali, comprerò quello più economico", allora ti ha reso una merce. Che imbarazzo! Ma sul serio... è una delle peggiori esperienze che un imprenditore orientato al valore possa sperimentare.

Questa è una grande preoccupazione per l'imprenditore, poiché le merci sono valutate al punto di efficienza del mercato. Questo si traduce nel fatto che il mercato riduce i prezzi tramite la concorrenza fino a quando i margini sono appena sufficienti per coprire le spese essenziali: "appena sufficiente" per diventare schiavi della propria attività. L'azienda arriva a malapena a coprire i costi e il proprietario aspetta con impazienza che la situazione migliori, ma una volta che capisce che non sarà così, è così confuso che è troppo tardi per cambiare rotta (almeno finora).

Un Offerta Grande Slam risolve questo problema.

Ma Cosa Fa Esattamente un Offerta Grande Slam?

Bene, cominciamo definendo un Offerta Grande Slam.

È un'offerta che viene lanciata sul mercato e non ha rivali tra i prodotti o servizi disponibili. Unisce una promozione accattivante, una proposta di valore senza precedenti, un prezzo premium e una garanzia imbattibile, insieme a un modello di pagamento che permette di guadagnare con l'acquisizione di nuovi clienti... rimuovendo definitivamente il vincolo finanziario sulla crescita dell'attività.

In altre parole, ti consente di vendere in una "categoria unica", o, per usare un'altra espressione efficace, di "vendere in un'area inesplorata". La decisione di acquisto per il potenziale cliente è ora tra il tuo prodotto _e il nulla_. Di conseguenza, puoi proporre un prezzo che il cliente potenziale ritiene adeguato, in confronto a nessun'altra alternativa.. Di conseguenza, ottieni più clienti, a prezzi più alti, spendendo meno denaro. Se ti piacciono termini di marketing sofisticati, si può suddividere così:

1) Aumento del tasso di risposta (pensa ai clic)

2) Aumento della conversione (pensa alle vendite)

3) Prezzi premium (pensa a prezzi cari)

Avere un Offerta Grande Slam aumenta il tasso di risposta alle pubblicità (ovvero più persone cliccheranno o compiranno un'azione su una pubblicità che contiene un'offerta da Grande Slam).

Pur mantenendo invariato il costo per visualizzazione, l'effetto è che 1) aumenta il numero di persone che rispondono, 2) un maggior numero di risposte si converte in acquisti, e 3) questi acquisti avvengono a prezzi più alti, portando così alla crescita del tuo business.

Le mie offerte sono state una miniera d'oro. Non perché abbia un superpotere, ma perché l'ho fatto molte volte (e ho fallito ancora di più). Ho selezionato tra le cose che sistematicamente falliscono e ho raccolto tutto ciò che ripetutamente ha successo (e l'ho incluso in questo libro).

Ecco la chiave di tutto questo: un'azienda svolge lo stesso lavoro in entrambi i casi (che sia con un'offerta standardizzata o una Offerta Grande Slam). Ma se un'azienda utilizza un Offerta Slam e un'altra si affida a un'offerta "standardizzata", l'Offerta Grande Slam dà l'impressione che quella azienda abbia un prodotto completamente diverso – e questo significa che l'acquisto è motivato dal valore, piuttosto che dal prezzo.

Se hai un'offerta "standardizzata", competerai invece sul prezzo. Tuttavia, la tua Offerta Grande Slam costringe il potenziale cliente a riflettere e a considerare in modo diverso il valore del tuo prodotto unico. Questo ti pone in una categoria a parte, rendendo difficile il confronto dei prezzi e portando a una rivalutazione del valore da parte del cliente.

Le Conseguenze nella Vita Reale di un'Offerta Grande Slam : Prima e Dopo

Breve retroscena . . . una delle nostre aziende è un software che le agenzie pubblicitarie utilizzano per lavorare sui lead dei loro clienti. Utilizzando questo software, le agenzie trasformano la loro offerta da un'offerta standardizzata di servizi di generazione di lead ad un Offerta Grande Slam con pagamento in base alle prestazioni. Ti mostrerò l'effetto moltiplicativo che ha sulla crescita del fatturato dell'azienda.

** Sebbene arrotondati a fini di chiarezza, questi valori sono basati su dati effettivi riscontrati da un'agenzia di generazione lead che offre servizi alle imprese fisiche. **

Vecchio Modo Standardizzato (guidato dal prezzo) – Corsa al ribasso

Offerta standardizzata: acconto di $1.000, poi $1.000/mese di mantenimento per i servizi dell'agenzia

Metrica	Merce	Grand Slam	Spiegazione
Spesa Pubblicitaria	$10,000		Dollari spesi in pubblicità
Impressioni Raggiunte	300,000		Occhi raggiungi dalla pubblicità
Tasso di Risposta	0.00013		percentuale di persone che prenotano la chiamata (CTR x Optin %)
App Prenotate	40		# di appuntamenti prenotati di conseguenza
Mostra Tasso	75%		% di persone che prenotano la chiamata
App Mostrate	30		# di persone che si presentano per il loro appt
% Chiusure	16%		% di persone che acquistano
App Chiuse	5		# di persone che acquistano
Prezzo	$1,000		l'importo che le persone versano per iniziare il servizio
Totale	$5,000		importo totale del contante raccolto in anticipo
ROAS	.5 : 1		Ritorno delle spese di pubblicità (ROAS)

Suddivisione: Con un ritorno sugli investimenti pubblicitari compreso tra lo 0,5 e l'1, si perde denaro nel raggiungere i clienti. Ma in 30 giorni, quei 5 clienti pagheranno altri $1.000 ciascuno, portando il totale a $10.000 e a pari. Il mese successivo, i $5.000 che entrano rappresenterebbero il primo mese redditizio e ogni mese successivo sarebbe redditizio (a condizione che rimangano tutti).

Questo è un esempio di servizio standardizzato – lavoro normale dell'agenzia. Ce ne sono un milione e tutti sembrano uguali. Le attività e le offerte standardizzate hanno più difficoltà a ottenere risposte dagli annunci perché tutto il loro marketing sembra uguale a quello degli altri.

> **Nota:** Tutto sembra uguale perché tutti offrono la stessa cosa.
> *Paghi noi per lavorare*
> *Noi lavoriamo.*
> *Forse ottieni risultati da quel lavoro. Forse no*

È ragionevole, ma facilmente duplicabile (e soggetto alla standardizzazione). *Questa standardizzazione crea un acquisto guidato dal prezzo . . .*

Ti trovi costretto a mantenere un prezzo "competitivo" per acquisire e mantenere i clienti. Se un cliente scopre una versione "simile" ad un prezzo più basso, la differenza di prezzo on in questo caso valore lo spingerà a cambiare fornitore. Questo è un dilemma... perdere questo cliente, tutti gli altri clienti e potenziali clienti, o mantenere la tua competitività. I tuoi margini diventano così esili da *svanire...*

In aggiunta, è difficile convincere i potenziali clienti a dire sì (e a mantenerli nel dire sì) a meno che tu non sia estremamente attento a evitare la standardizzazione della tua attività, pur rimanendo "competitivo". Questo è il problema con il vecchio modello standardizzato. I clienti possono confrontare. A meno che tu non passi a un'Offerta Grande Slam, i tuoi prezzi continueranno a essere sconfitti. Alla fine, l'attività fallisce o l'imprenditore getta la spugna. Non è una situazione positiva.

Il nostro obiettivo è creare un'offerta così unica che ti liberi dal fastidioso compito di spiegare le differenze del tuo prodotto rispetto agli altri (perché se devono chiedere, probabilmente non comprendono a sufficienza), lasciando che sia l'offerta stessa a farlo per te. Questo è il potere dell'Offerta Grande Slam.

Esaminiamo i numeri di vendita per vedere il contrasto.

Nuova modalità Offerta Grande Slam (differenziato, incomparabile) (guidato dal valore)

Offerta Grande Slam: Paga una sola volta. (Nessuna tassa ricorrente. Nessuna caparra.) Copri solo la spesa pubblicitaria. Genererò lead e lavorerò per te. E pagami solo se le persone si presentano. E ti garantisco 20 persone nel tuo primo mese, o il tuo prossimo mese sarà gratuito. Ti fornirò anche tutte le migliori pratiche dalle altre attività come la tua.

- Coaching di vendita quotidiano per il tuo personale
- Script testati
- Punti di prezzo testati e offerte da copiare e implementare
- Registrazioni di vendita

... e tutto ciò di cui hai bisogno per vendere e soddisfare i tuoi clienti. Ti fornirò l'intero libro di strategie per l'industria, completamente gratuito, semplicemente diventando un cliente.

Per riassumere, sto portando clienti nel tuo business e mostrandoti come venderli al prezzo più alto possibile, permettendoti così di ottenere il massimo profitto... ti sembra equo?

È chiaro che queste sono offerte drasticamente diverse... ma allora, dov'è il denaro!? Confrontiamole nella tabella qui sotto.

 Copyright © 2024 da ACQUISITION.COM LLC NON PER LA DISTRIBUZIONE

Metrica	Merce	Grand Slam	Spiegazione
Spesa Pubblicitaria	$10,000	$10,000	Immutato
Impressioni Raggiunte	300,000	300,000	Immutato
Tasso di Risposta	0.00013	0,00033	2.5x risposta (più accattivante, quindi più risposta
App Prenotate	40	100	Risultato
Mostra Tasso	75%	75 %	Immutato
App Mostrate	30	75	Risultato
% Chiusure	16%	37 %	2.3x chiusura (più valore, quindi più vendite)
App Chiuse	5	28	Risultato
Prezzo	$1,000	$3,997	4x Prezzo (tariffa una tantum vs ricorrente)
Totale	$5,000	$112,000	22.4x Contanti raccolti in anticipo
ROAS	.5 : 1	11.2 : 1	Fatti pagare per ottenere clienti

Suddivisione: spendi la stessa quantità di denaro per gli stessi contatti. Poi ottieni il 2,5 volte più di persone che rispondono alla tua pubblicità perché l'offerta è più accattivante. Da qui, chiudi il 2,5 volte più di persone perché l'offerta è molto più convincente. Da qui, sei in grado di addebitare un prezzo 4 volte superiore all'inizio. Il risultato finale è 2,5 x 2,5 x 4 = 22,4 volte più denaro incassato all'inizio. Sì, hai speso $ 10.000 per guadagnare $ 112.000. Hai appena *guadagnato soldi* ottenendo nuovi clienti.

Confronto: ricorda il vecchio modo, quello in cui perdevi la metà della spesa pubblicitaria all'inizio? Con il nuovo modo, stai guadagnando *più* denaro *e* ottenendo *più* clienti. Ciò significa che il tuo costo per acquisire un cliente è così economico (in rapporto a quanto guadagni) che il tuo fattore limitante diventa la tua capacità di fare il lavoro che ami già fare. Il flusso di cassa e l'acquisizione di clienti non sono più il tuo punto critico, poiché ora è 22,4 volte più redditizio rispetto al vecchio modello. Sì, hai letto bene.

Questa è esattamente l'Offerta Grande Slam che abbiamo usato con la nostra azienda di software che serve le agenzie. I numeri possono diventare incredibili... in un batter d'occhio. So che 22,4 volte meglio può sembrare esagerato, ma è proprio questo il punto. Se giochi con le stesse regole degli altri, otterrai gli stessi risultati degli altri (mediocri). Resterai al punto di partenza, facendo solo piccoli progressi, ma senza mai veramente avanzare. Ma ricorda il concetto fondamentale di questo libro: quando metti insieme tutte le carte, puoi farlo così bene da vincere per sempre. Nei miei primi 18 mesi di attività, siamo passati da 500.000 dollari/anno a 28.000.000 dollari/anno con meno di 1 milione di dollari di spesa pubblicitaria. Quindi, quando dico rendimenti di 20:1 . . . 50:1 . . . 100:1 di ritorno, lo dico sul serio. Quando fai le cose giuste, i risultati sono, beh... incredibili.

Copyright © 2024 da ACQUISITION.COM LLC NON PER LA DISTRIBUZIONE

Riassunto

Questo capitolo ha evidenziato il cuore del problema della guerra dei prezzi e come le Offerte Grande lo affrontino. Questo ti estranea dalla lotta per il prezzo e ti colloca in una categoria a parte. Il prossimo capitolo si concentrerà sulla ricerca del mercato giusto su cui applicare le nostre strategie di prezzo. È uno degli aspetti più critici da affrontare con cura. Un'Offerta Grande Slam presentata al pubblico sbagliato sarà inefficace. Vogliamo evitarlo a ogni costo. Dobbiamo momentaneamente abbandonare il focus sul prezzo per capire cosa cercare in un mercato. È una tappa essenziale da superare prima di proseguire il nostro percorso.

REGALO #1 BONUS TUTORIAL: "INIZIA DA QUI"

Se desideri approfondire, visita **Acquisition.com/training/offers** e guarda il primo video del corso gratuito (con me come protagonista) su come differenzio le offerte nelle aziende con cui collaboro e le aiuto a fissare prezzi premium. Ho anche creato alcuni SOP gratuiti/Codici Segreti per te, così puoi implementarli più velocemente. Puoi anche scansionare il codice QR se non ti piace digitare. È assolutamente gratuito. Buona visione.

Copyright © 2024 da ACQUISITION.COM LLC NON PER LA DISTRIBUZIONE

Prezzi: Trovare Il Mercato Giusto – Una Folla Affamata

"Il seme caduto su un buon terreno rappresenta coloro che veramente ascoltano e comprendono la parola di Dio e producono un raccolto di trenta, sessanta o anche cento volte tanto quanto era stato seminato!"

— Matteo 13:23 (NLT)

Un professore di marketing chiese ai suoi studenti: "Se dovessi aprire un chiosco di hot dog e potessi avere solo *un* vantaggio rispetto ai tuoi concorrenti . . . quale sarebbe. . .?"

"Posizione! ....Qualità! .... Prezzi bassi! ....Miglior gusto!"

Risposero gli studenti, continuando fino a esaurire le risposte. Si guardarono l'un l'altro aspettando che il professore parlasse, finché infine la stanza si quietò.

Il professore sorrise e rispose: *"Una folla affamata"*.

Potresti avere i peggiori hot dog, prezzi terribili e una pessima posizione, ma se sei l'unico chiosco di hot dog in città e c'è una partita di calcio locale, venderai tutto. Questo è il valore di una folla affamata.

In pratica, se c'è una grande domanda per una soluzione, è possibile essere mediocri negli affari, avere un'offerta terribile e nessuna capacità di persuasione e ancora ottenere guadagni.

Copyright © 2024 da ACQUISITION.COM LLC NON PER LA DISTRIBUZIONE

Un caso eclatante è stato l'inizio della pandemia di Covid-19, quando la carta igienica scarseggiava ovunque. Le scorte erano poche, i prezzi altissimi e nessuno faceva grandi discorsi per convincere la gente. Ma dato che la richiesta era alle stelle e tutti erano in preda al panico, i rotoli di carta igienica venivano venduti a $100 o anche più. È incredibile quanto la domanda possa far lievitare i prezzi!

Vendere giornali

Uno dei miei cari amici, Lloyd, gestiva un'azienda di software che lavorava con i giornali da quasi dieci anni. Avevano messo a punto un sistema per gestire gli annunci digitali sui siti web dei giornali con pochi clic, e questo aveva subito incrementato le vendite di nuovi spazi pubblicitari. Lloyd chiedeva solo una piccola percentuale dei profitti aggiuntivi. Quindi, se i giornali non avevano fatto affari, nemmeno lui ci aveva guadagnato. Era stato un vero vantaggio per loro e un'offerta eccezionale.

Ma nonostante avesse un'ottima offerta e abilità di vendita naturali, la sua attività iniziò a declinare. Essendo un imprenditore molto ambizioso, provò tutte le diverse soluzioni per risolvere il problema, ma nulla funzionò. Non riusciva a capire qual fosse il problema. Fu difficile per me vedere Lloyd lottare con quella situazione perché lo consideravo molto più intelligente di me e la risposta mi sembrava ovvia. Tuttavia, osservare come affrontava quella sfida fu una lezione preziosa che portai con me per tutta la vita. Prima di rivelare quale fosse la lezione, cosa pensi fosse il problema? Il prodotto? L'offerta? Il marketing e le vendite? O forse il suo team?

Analizziamolo. Non era il suo prodotto – quello era ottimo. Non era la sua offerta – aveva un modello di guadagno a rischio zero. Non erano le sue abilità di vendita – era un venditore naturale. Quindi, qual era il problema? *Stava vendendo ai giornali!* Il suo mercato si riduceva del 25% *ogni anno*! Aveva esaminato tutti i possibili problemi, tranne il più ovvio. Alla fine, dopo anni di lotta nel suo mercato, si rese conto che il suo mercato era la fonte dei suoi problemi e decise di ridurre le dimensioni della sua azienda.

Non preoccuparti – questa storia ha una seconda parte. Per illustrare il potere di un mercato, appena colpito dal COVID, Lloyd fece una svolta. Avviò un'azienda di produzione di maschere automatizzata. Con una nuova tecnologia, abbassò il costo per maschera al di sotto di quello che le persone potevano acquistare dalla Cina. In cinque mesi faceva milioni al mese. Stesso imprenditore. Mercato diverso. Applicò le stesse capacità a un'attività in cui non aveva alcuna esperienza ed ebbe successo. Questo è il potere di scegliere il mercato giusto.

Ti racconto questa storia come un racconto di avvertimento. *Il tuo mercato conta.* Lloyd è una persona molto intelligente. E ovviamente molto capace. Ma tutti possiamo essere

Copyright © 2024 da ACQUISITION.COM LLC NON PER LA DISTRIBUZIONE

accecati come imprenditori perché non ci piace rinunciare. Siamo così abituati a risolvere problemi impossibili che continueremo a sbattere la testa contro il muro. Odiamo arrenderci. Ma la realtà è che tutti sono influenzati dal loro mercato.

Quindi, come scegliere il mercato giusto?

Cosa Cercare

Esiste un mercato là fuori che ha un disperato bisogno delle tue competenze. Devi solo trovarlo. E una volta che lo hai individuato, ne raccoglierai i frutti, chiedendoti perché hai impiegato tanto tempo. Non innamorarti del tuo pubblico. Offri i tuoi servizi a coloro che possono pagarti ciò che vali. E ricorda che scegliere un mercato è sempre una decisione, quindi scegli con attenzione.

Per vendere qualsiasi cosa, hai bisogno di domanda. Non stiamo cercando di *creare* domanda, ma di *incanalare* quella già esistente. Questa è una distinzione molto importante. Se non hai un mercato per la tua offerta, nulla di ciò che segue funzionerà. Tutto questo libro si basa sull'assunzione che tu abbia almeno un mercato "normale", che definisco come un mercato che cresce alla stessa velocità del mercato e che ha bisogni comuni insoddisfatti che rientrano in una delle tre categorie seguenti: miglioramento della salute, aumento della ricchezza o miglioramento delle relazioni. Ad esempio Lloyd, della storai del giornale sopra menzionata, avrebbe potuto leggere tutto questo libro e niente di ciò che contiene avrebbe funzionato per lui. Perché? Perché avrebbe avuto come target i giornali, un mercato in declino.

Detto questo, avere un ottimo mercato è un vantaggio. Ma si può essere in un mercato normale che cresce ad un tasso medio e comunque fare un sacco di soldi. Ogni mercato in cui sono stato è stato un mercato normale. È fondamentale non cercare di vendere ghiaccio agli eschimesi.

Ecco i principi fondamentali che cerco nei mercati. Esaminiamoli prima di tornare all'offerta.

Quando scelgo i mercati, cerco quattro indicatori:

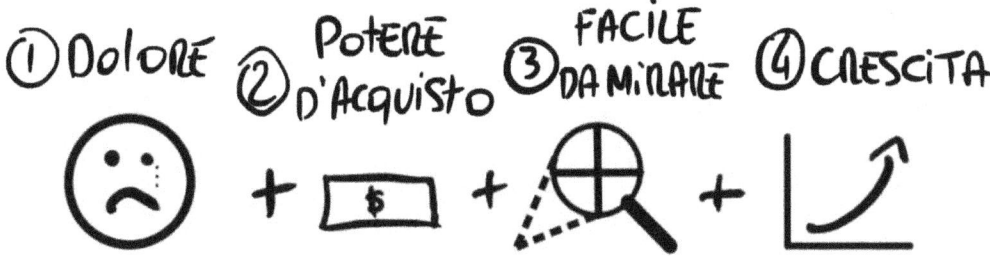

Copyright © 2024 da ACQUISITION.COM LLC NON PER LA DISTRIBUZIONE

1) Dolore Massiccio

Devono non solo volere, ma avere disperatamente bisogno di ciò che sto offrendo. Il dolore può essere qualsiasi cosa che frustra le persone nella loro vita. Essere in bancarotta è frustrante. Un matrimonio infelice è frustrante. Aspettare in fila alla cassa del supermercato è frustrante. Il dolore alla schiena . . . il dolore di un brutto sorriso . . . il dolore del sovrappeso . . . gli esseri umani soffrono molto. Quindi per noi imprenditori, l'opportunità è infinita.

Il grado di dolore sarà proporzionale al prezzo che sarai in grado di addebitare (ne parleremo di più nel capitolo sull'Equazione del Valore). Il cuore della tua proposta risiede nel dolore che i potenziali clienti stanno vivendo. Se riesci a evidenziare in modo chiaro e convincente il disagio che stanno sperimentando e mostrare come la tua soluzione possa alleviarlo, compreranno quasi sempre ciò che stai offrendo.

Suggerimento Professionale

Scrivere bene significa rendere il messaggio comprensibile al lettore.

Ben persuadere equivale a far percepire al potenziale cliente che il suo punto di vista è *compreso*.

---

2) Potere d'Acquisto

Un mio conoscente aveva ideato un sistema molto efficace per aiutare le persone a ottimizzare i loro curriculum per aumentare le probabilità di ottenere colloqui di lavoro. Nonostante ciò, non riusciva a convincere le persone a investire nei suoi servizi. Perché? Semplicemente perché tutti erano disoccupati!

Anche questo può sembrare ovvio. Ma lui pensava: "*Queste persone sono facili da individuare. Sono in grande difficoltà. Ce ne sono molte, e continuano ad aggiungersi nuove persone. Questo è un ottimo mercato!*"

Ma si era dimenticato un punto cruciale: il tuo pubblico deve essere in grado di permettersi il servizio che offri loro. Assicurati che i tuoi potenziali clienti abbiano il denaro, o l'accesso alla somma di denaro, necessario per acquistare i tuoi servizi ai prezzi che richiedi per far valere il tuo tempo.

 Copyright © 2024 da ACQUISITION.COM LLC NON PER LA DISTRIBUZIONE

3) Facile da individuare

Supponiamo che tu abbia un mercato perfetto, ma non hai modo di individuare le persone che ne fanno parte. In questo caso, creare un'offerta di successo diventa un compito complesso. Per semplificare la mia vita, preferisco concentrarmi su mercati facilmente accessibili. Sto parlando di avatar con associazioni ben definite, liste di posta, gruppi sui social media, canali che tutti seguono, e così via. Se i potenziali clienti sono riuniti in un luogo comune, possiamo quindi indirizzare loro il nostro marketing. Tuttavia, se trovarli è come cercare un ago in un pagliaio, presentare loro la tua offerta diventa un'impresa difficile.

Questo aspetto è estremamente pratico. Si basa sulla realtà, non su teorie astratte. Supponi di voler offrire servizi ai medici di successo. Tuttavia, se i tuoi annunci finiscono nelle mani degli studenti infermieri, la tua offerta non avrà alcun impatto, anche se è di alta qualità. Il punto fondamentale è garantire di poter raggiungere il tuo pubblico ideale senza difficoltà. *(Per chiarire, non c'è nulla di male nell'avere come target i medici di successo; sono facilmente identificabili. Questo esempio serve solo a evidenziare l'importanza di indirizzare le tue promozioni al pubblico giusto).*

4) Crescita

I mercati in crescita sono come un vento in poppa. Fanno muovere tutto in avanti più velocemente. I mercati in declino sono come controventi. Rendono tutti gli sforzi più difficili. Questo è stato l'esempio di Lloyd. I giornali avevano tre delle quattro caratteristiche di un grande mercato: (1) molti dolori, (2) potere d'acquisto, (3) facile da mirare. Ma stavano diminuendo (velocemente). Nonostante tutti i suoi sforzi, il mercato era contro di lui. L'imprenditoria è già un'impresa impegnativa, e i mercati cambiano rapidamente. Quindi è meglio individuare un mercato favorevole che ti dia una spinta iniziale per facilitare il processo.

In pratica

Ci sono tre mercati principali che esisteranno sempre: Salute, Ricchezza e Relazioni. Il motivo per cui questi mercati esisteranno sempre è che c'è sempre un dolore tremendo quando non li hai. C'è sempre una domanda di soluzioni a questi dolori umani fondamentali. L'obiettivo è trovare un sottogruppo più piccolo all'interno di uno di quei grandi settori che sta crescendo, ha il potere d'acquisto ed è facile da mirare (le altre tre variabili).

Quindi, se fossi un esperto di relazioni che cerca il suo pubblico ideale, preferirei concentrarmi sul coaching per le "relazioni nella seconda metà della vita" per anziani anziché aiutare gli studenti universitari nelle loro relazioni. Perché? Perché i cittadini anziani che sono soli stanno probabilmente soffrendo di più in quanto sono più vicini alla morte (dolore), hanno più potere d'acquisto (denaro) e sono facili da trovare (mirare). Infine, al momento della stesura di questo testo, ci sono più persone che compiono 65 anni ogni anno rispetto a quelle che compiono 20 anni (in crescita).

Questa è l'idea. Pensa a ciò che sai fare bene riguardo alla salute, alla ricchezza e alle relazioni. Quindi pensa a chi potrebbe valutare maggiormente il tuo servizio (chi ha più dolore), chi ha il potere d'acquisto per pagare ciò *che* vuoi (denaro) e può essere trovato facilmente (mirare). Se questi tre punti rimangono solidi e non c'è un crollo del mercato, allora sei sulla buona strada.

Quanto conta veramente trovare un mercato prosperoso rispetto a uno normale o in crisi per il tuo successo? La risposta: dipende. Lascia che ti illustri.

Gerarchia dell'Importanza: Le Tre Fondamenta del Successo

È improbabile che tu ti trovi in un mercato morente come nell'esempio dei giornali. È anche improbabile che tu stia vendendo carta igienica durante il COVID (acquisto

 Copyright © 2024 da ACQUISITION.COM LLC NON PER LA DISTRIBUZIONE

frenetico). Di solito ci si trova in un mercato medio il che è del tutto accettabile. In questi mercati ci sono molte opportunità da cogliere. Ma è vitale evitare di finire in un mercato in crisi, poiché lì niente funzionerà.Questa è la chiave per comprendere l'importanza relativa tra mercati:

Folla affamata (mercato) > Forza dell'offerta > Abilità persuasiva

Ecco alcuni esempi:

Esempio #1: In un mercato prosperoso, persino con un'offerta mediocre e scarse abilità persuasive, riuscirai comunque a guadagnare. Immagina di vendere hot dog per strada dopo la chiusura dei bar alle 2 del mattino: con una folla di persone affamate e ubriache, non avrai problemi a vendere ogni singolo hot dog.

Esempio #2 (per la maggior parte di noi): Se sei in un mercato normale e hai un'offerta Grande Slam (ottima), puoi fare un sacco di soldi anche se sei scarso nell'abilità persuasiva. Questa è la situazione della maggior parte delle persone che leggono questo libro. Ecco perché l'ho scritto – per aiutarti a massimizzare il tuo successo imparando a costruire veramente un'offerta Grande Slam.

Esempio #3: In un mercato normale con un'offerta normale o standardizzata, il successo straordinario richiede abilità persuasive eccezionali. Le tue capacità persuasive diventano fondamentali per ottenere risultati significativi, ma è il percorso più impegnativo che richiede un costante impegno e apprendimento. Possedere un'offerta vincente può notevolmente facilitare il tuo percorso verso il successo, altrimenti potresti ritrovarti con un'attività normale che richiede capacità eccezionali per distinguersi.

Concentrati sulla tua nicchia

Quando consiglio agli imprenditori di individuare il loro mercato di riferimento, ripeto sempre questa frase: 'Non sottovalutare la tua nicchia.

Troppo spesso, un imprenditore alle prime armi prova con poca convinzione un'offerta in un mercato, non guadagna un milione di dollari e pensa erroneamente "questo è un mercato sbagliato". La maggior parte delle volte non è così. Non hanno ancora trovato un'offerta vincente da applicare a quel mercato.

Molti credono che cambiare dall'aiutare i dentisti ad aiutare i chiropratici sia un gioco da ragazzi. Ma sia i dentisti che i chiropratici rappresentano mercati consolidati, con miliardi di dollari in gioco. Puoi avere successo con entrambi, ma devi sceglierne uno. Chi ha due mogli perde il sonno.

Ho introdotto il termine 'schiaffo di nicchia' per incoraggiare gli imprenditori a dare il massimo dopo aver scelto la loro nicchia. Ogni settore e mercato ha i suoi svantaggi. Non esiste la perfezione. Se continui a cambiare nicchia sperando che risolva tutti i tuoi problemi, allora preparati a prendere uno *schiaffo di nicchia*.

Devi perseverare nella tua scelta abbastanza a lungo da fare prove ed errori. Fallirai. In effetti, fallirai fino a quando non avrai successo. Ma fallirai molto più a lungo se continui a cambiare il tuo mercato di riferimento, perché dovrai ricominciare da capo ogni volta.

Quindi scegli e concentrati.

 Copyright © 2024 da ACQUISITION.COM LLC NON PER LA DISTRIBUZIONE

Le Ricchezze Si Celano Nelle Nicchie

L'altra ragione per impegnarsi nella propria nicchia è quanto più si può guadagnare semplicemente specializzandosi in un mercato di nicchia.

Nota dell'Autore - Quando espandersi (consigli per la maggior parte delle persone)

Per la maggior parte delle persone, se il tuo fatturato è inferiore a 10 milioni di dollari all'anno, specializzarsi in una nicchia ti farà guadagnare di più. Dopo di che, dipenderà da quanto stretta è la nicchia o da ciò che viene chiamato TAM (mercato totale raggiungibile). Un'azienda può crescere solo fino a raggiungere il mercato totale raggiungibile. Detto ciò, per la maggior parte delle persone, raggiungere i 10 milioni di dollari all'anno è già un traguardo del 0,4% (solo 1 su 250 aziende ci riesce). Quindi, per il 99,6% dei lettori che hanno un fatturato inferiore a 10 milioni di dollari all'anno, è quasi sempre più facile servire *meno* clienti in modo *più specifico*. Ma se vuoi andare oltre, _potresti_ (a seconda delle dimensioni del tuo TAM) dover ampliare il tuo pubblico andando verso l'alto del mercato, verso il basso del mercato o verso un mercato adiacente in cui i tuoi servizi esistenti possono fornire valore. Per contestualizzare, molte aziende sono cresciute fino a superare i 30 milioni di dollari all'anno servendo una singola nicchia: Chiropratici, Palestre, Idraulici, Solare, Proprietari di Saloni, ecc. Se sei ad 1 o 3 milioni di dollari e pensi di aver toccato il limite e di dover espanderti, ti sbagli. Devi solo migliorare.

Quando finalmente compresi quanto potenziale di guadagno stessi trascurando, decisi di cambiare radicalmente il mio approccio. Optai per la concentrazione su un pubblico specifico anziché cercare clienti ovunque. Nel mio caso, mi rivolsi ai proprietari di piccole palestre con circa 100 membri, un contratto di locazione firmato, almeno un dipendente e l'obiettivo di aiutare i clienti a perdere peso. Questa decisione mirata fece la differenza rispetto a cercare "piccoli imprenditori" o "qualsiasi cliente disponibile". Ero estremamente specifico. Con la mia azienda (Gym Launch), respingemmo e continuiamo a respingere chiunque non corrisponda a quell'identikit. Questo significa nessun personal trainer, nessun coach online, e così via.

Avrei potuto essere d'aiuto? Assolutamente. Dopo tutto, la maggior parte delle aziende nel nostro portfolio non riguardava le palestre. Ma per mantenere il focus sul prodotto e un messaggio altamente coinvolgente, conoscere esattamente il nostro pubblico di riferimento ha fatto una grossa differenza. Ci ha permesso di identificare chiaramente chi

Copyright © 2024 da ACQUISITION.COM LLC NON PER LA DISTRIBUZIONE

stavamo cercando di raggiungere in ogni momento e di affrontare con precisione i problemi che stavamo affrontando.

Ma semplicità e facilità potrebbero non essere sufficienti per convincerti, quindi lascia che ti illustri perché concentrarsi su una sola nicchia ti farà guadagnare di più.

Motivo: puoi letteralmente addebitare 100 volte di più per lo *stesso* identico prodotto. Dan Kennedy è stato la prima persona ad illustrarmi questo concetto, e farò del mio meglio per passarti il testimone in queste pagine.

Esempi dei prezzi dei prodotti per nicchie:

Esempio

Prodotti	Prezzo
Gestione del Tempo	$19
Gestione del Tempo per i Professionisti delle Vendite	$99
Gestione del Tempo per le Vendite B2B outbound	$499
Gestione del Tempo per i Rappresentanti delle Vendite B2B outbound di Attrezzature e Prodotti per il Giardinaggio	$1997

Immagina di vendere un corso generico sulla gestione del tempo. A meno che non fossi un rinomato esperto di gestione del tempo con una storia avvincente o unica, sarebbe stato difficile farlo diventare rilevante. Quanto pensavi potesse valere "un altro" corso sulla gestione del tempo? $19, $29? Probabilmente niente di straordinario. Forse $19, giusto per darti un'idea.

Ora sfrutteremo il potere della tariffazione di nicchia sul tuo prodotto

Immaginiamo ora che rendi il prodotto più specifico, mantenendo gli stessi principi, e lo chiami "Gestione del tempo per i professionisti delle vendite". Improvvisamente, questo corso è per un tipo di persona più specifico. Potremmo legare il loro aumento anche a una sola vendita o a un solo affare in più e varrebbe di più. Ma ci sono molti venditori. Quindi questo potrebbe essere un prodotto da $99. Interessante, ma possiamo fare di meglio.

 Copyright © 2024 da ACQUISITION.COM LLC NON PER LA DISTRIBUZIONE

Quindi scendiamo ancora di livello di specializzazione e chiamiamo il nostro prodotto.... "Gestione del tempo per commerciali B2B in outbound". Seguendo gli stessi principi di specificità, ora sappiamo che i nostri venditori probabilmente hanno a che fare con trattative e commissioni molto importanti. Una singola vendita potrebbe facilmente fruttare a questo venditore $500 (o più), quindi sarebbe facile giustificare un prezzo di $499. Questo rappresenta già un aumento del prezzo di 25 volte per un prodotto praticamente identico. Potrei fermarmi qui, ma voglio andare un passo oltre.

Abbassiamoci ancora di un ulteriore livello.... "Gestione del tempo per rappresentanti di vendita B2B per attrezzi da giardinaggio". Boom.

Pensa un attimo, se fossi un rappresentante di vendita di attrezzi da giardinaggio, penseresti "Questo è proprio fatto per me" e sarebbe disposto a pagare *volentieri* forse $1000 o $2000 per un programma di gestione del tempo che potrebbe aiutarti a raggiungere i tuoi obiettivi.

Le componenti effettive del programma potrebbero essere le stesse di un corso generico di $19, ma dato che sono state applicate ed il messaggio di vendita può rivolgersi in maniera più efficace a questo avatar, lo troveranno più convincente *e* ne otterranno un valore reale. La vera sfida è diventare l'artefice di soluzioni uniche per problemi specifici, risolvendo i dolori più grandi di una precisa categoria di persone.

Ecco perché un programma di fitness per la perdita di peso generica potrebbe costare solo $19, mentre un programma di fitness progettato e commercializzato solo per infermiere potrebbe costare $1997.... (anche se il cuore del programma è probabilmente simile: mangiare meno, muoversi di più).

Alla fine, è il mercato che fa la differenza. La tua nicchia definisce il tuo successo. Ma se hai l'opportunità di vendere lo stesso prodotto a un prezzo 100 volte maggiore, cosa sceglieresti di fare?

Riassunto

Lo scopo di questo capitolo è rafforzare due cose. In primo luogo, non scegliere un mercato *in crisi*. I mercati normali vanno bene. I mercati prosperi sono fantastici. Poi, una volta presa la decisione, è fondamentale impegnarsi fino a raggiungere il successo.

Se provi *cento offerte*, *ti prometto* che avrai successo. La maggior parte delle persone non prova mai niente. Altri falliscono una volta e poi si arrendono. Ci vuole resilienza per avere successo. Non prenderla sul personale! Questo non riguarda te! Se la tua offerta non funziona, non vuol dire che tu sia un incapace. Semplicemente, l'offerta ha bisogno di essere perfezionata. È una distinzione importante. Se rinunci, allora sì, potresti sembrare

Copyright © 2024 da ACQUISITION.COM LLC NON PER LA DISTRIBUZIONE

un incapace. Quindi, ricomincia. Non diventerai mai un esperto se ti fermi dopo un fallimento.

Se incontri un mercato eccitante e in espansione, salta a bordo e sfrutta ogni opportunità. E se aggiungi un'offerta eccezionale a un mercato promettente, potresti scoprire di non dover più lavorare duramente (sul serio). Perciò, possedere questa capacità - quella di valutare attentamente i mercati considerando il bisogno, il potenziale di guadagno, il target e l'opportunità di crescita - nel tuo arsenale, ti permette di godere di una doppia felicità quando la fortuna ti sorride.

Dopo aver definito il nostro approccio per conquistare il mercato, concentriamoci nuovamente sui prezzi. Il primo passo per ottenere profitti eccezionali è quello di stabilire prezzi premium.

REGALO #2 TUTORIAL BONUS:
COME VINCERE NEI MERCATI

Se vuoi sapere di più su come scelgo i mercati e trovo nicchie redditizie, vai su **Acquisition.com/training/offers** e guarda il video tutorial "Come vincere nei mercati". Per aiutarti ulteriormente, ti fornisco gratuitamente una check-list per valutare il tuo posizionamento nel mercato. Ottienila subito ed inizia ad ottimizzare la tua strategia.

 Copyright © 2024 da ACQUISITION.COM LLC NON PER LA DISTRIBUZIONE

Prezzo: Determinato dal Valore Offerto

"Fai pagare il prezzo più alto che puoi dire ad alta voce senza sorridere."

- Dan Kennedy

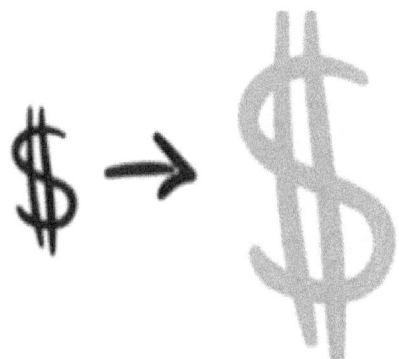

Una foto del Gym Lords Summit 2019, con i nostri prestigiosi proprietari di palestre che mostrano con stile i miei iconici baffi.

Gennaio 2019

Ero immerso nel buio, incapace di vedere altro che il nero. I miei occhi sembravano sigillati, impossibilitati a muoversi. Sebbene fossi sveglio, la stanchezza che pulsava nelle mie tempie sembrava un peso di cinque chili attaccato al mio cranio, trascinando verso il basso le mie palpebre. Dovevo fare uno sforzo enorme per riuscire ad aprirle.

I dettagli della stanza poco illuminata si svelarono lentamente. Rotolai sul bordo del letto nella camera d'albergo, sentendo ogni muscolo del mio corpo mentre il mio peso si spostava. Appollaiato sul mio fianco,potevo vedere i miei vestiti sparsi sul pavimento. Ero così esausto la sera prima che non ricordavo nemmeno di essermeli tolti.

Avevo appena terminato una maratona di cinque giorni di presentazioni. Due giorni di esposizioni per i nostri clienti più importanti, seguiti direttamente da altri due giorni di pianificazione con l'intera azienda (che conta più di 135 dipendenti).

Il giorno prima avevo perso una chiamata FaceTime da mio padre. Non avevo nulla in programma per la mattina. Così mi alzai con difficoltà, indossai una felpa con cappuccio una tuta e camminai nel corridoio dell'hotel per richiamarlo. Dopo le prime formalità, si gettò immediatamente nel motivo della sua chiamata - preoccupazione genitoriale.

Ho visto la foto che hai postato di tutti i tuoi clienti..." disse, con un tono insolitamente preoccupato. "Pensavo che l'evento fosse solo per i clienti più importanti! Non sapevo che fosse così grande. Sembra che ci fossero mille persone lì!"

Da solo nel corridoio e lottando ancora per liberarmi del peso della stanchezza, cercavo di capire da dove venisse la sua preoccupazione e cosa volesse dire. Gli avevo già spiegato tutto questo. "Era solo per i nostri clienti di punta, non tutti i nostri clienti", dissi. "Solo quelli che pagano $42.000 all'anno... i nostri Gym Lords, come ti ho detto."

Aspetta un attimo... Sto capendo bene? Ognuno di quelli nella foto ti ha sborsato $42.000?" Chiese, con un misto di sorpresa e preoccupazione.

"Sì, incredibile, vero?" Risposi con voce un po' roca, dopo giorni di discorsi incessanti e innumerevoli scambi di parole.

"Ehm... Devo chiedere... questo che stai facendo... è legale?" Chiese, incerto. "E loro sono al corrente di quanto stanno pagando?

"Sì, è legale. E ovviamente lo sanno. Non è come se stessi magicamente sottraendo denaro." "È tantissimo denaro. Spero che ciò che stai dando loro ne valga la pena."

Ho valutato se fosse necessario approfondire l'argomento o ignorarlo. Tuttavia, consapevole che sarebbe diventato un punto di discussione rilevante, ho preso fiato e ho iniziato a spiegare. "Se potessi garantirti un aumento del reddito di $ 239.000 quest'anno, saresti disposto a investire $ 42.000?" ho chiesto, optando per "$ 239.000" in quanto rappresentava l'aumento medio di fatturato di una palestra che usa i nostri sistemi per 11 mesi.

"Certo," ha risposto, "ma a patto che sia sicuro. Ma cosa dovrebbe comportare?"

"Dovresti impegnarti circa 15 ore a settimana di lavoro," ho chiarito.

 Copyright © 2024 da ACQUISITION.COM LLC NON PER LA DISTRIBUZIONE

"E in quanto tempo si potrebbero raggiungere i $ 239.000?" "Undici mesi," ho risposto.

"E quanto di quei $ 42.000 dovrei pagarti anticipatamente?"

"Nulla. Pagami solo quando comincerai a guadagnare soldi con il sistema".

Ho visto che aveva capito. Mio padre aveva capito. "Ah", ha detto, "beh, allora sì, lo farei."

"Ecco perché lo fanno anche loro"

* * *

Il fatto di fare un sacco di soldi fa impazzire la gente. Espande letteralmente i loro orizzonti mentali fino a far loro pensare che tu stia facendo qualcosa di scorretto o illegale. In pratica, non riescono nemmeno a concepirlo.

Perché? Perché pensano a se stessi . . . *non possono essere così tanto più intelligenti di me o lavorare così tanto più duramente di me, quindi come è possibile che loro guadagnino 1.000 volte di più di me? Abbastanza denaro che mi ci vorrebbe letteralmente dieci vite per guadagnare ciò che loro guadagnano in un anno.*

Nei tre anni che hanno preceduto la scrittura di questo libro, ho portato a casa più di $1.200.000 al mese di profitto. Ogni. Singolo. Mese. Questo è più del compenso dei CEO di Ford, McDonald's, Motorola e Yahoo . . . combinati . . . ogni anno . . . da ragazzo ventenne.

Questo infastidisce chi crede che la vita non sia giusta. Confonde gli altri che non riescono a capire e credono che ci sia stato un errore. Ed ispira alcuni selezionati, destinati alla grandezza.

Spero che tu faccia parte dell'ultima categoria, perché è per te che scrivo questo libro.

Puoi farcela.

Devi solo imparare *come*.

E io ti mostrerò come.

Discrepanza tra prezzo e valore

"Spero che ciò che stai dando loro valga la pena."

Queste parole probabilmente farebbero male alla maggior parte delle persone, ma quando mio padre me le disse, sapevo semplicemente che non comprendeva il *valore* che stavamo offrendo. Ti mostro come generare e trasmettere il valore reale di un'offerta, ossia quanto valga davvero.

Copyright © 2024 da ACQUISITION.COM LLC NON PER LA DISTRIBUZIONE

Per capire come fare un'offerta convincente, devi comprendere il *valore*. La ragione per cui le persone comprano *qualsiasi* cosa è per ottenere un *affare*. Credono che ciò che stanno ottenendo (VALORE) valga *più* di ciò che stanno dando in cambio (PREZZO). Nel momento in cui il valore che ricevono scende al di sotto di ciò che stanno pagando, smettono di comprare da te. Questa discrepanza tra prezzo e valore è ciò che devi evitare a tutti i costi.

Dopotutto, come ha detto Warren Buffet, "Il prezzo è ciò che paghi. Il valore è ciò che ottieni".

Il modo più semplice per aumentare la differenza tra prezzo e valore è abbassare il prezzo. Ma è anche, nella maggior parte dei casi, la decisione sbagliata per l'azienda.

Vendere non è l'unico obiettivo di un'azienda; l'obiettivo principale è fare profitti. La strategia di abbassare i prezzi è un percorso pericoloso, poiché può portare solo alla perdita di valore e alla diminuzione dei margini. Al contrario, esiste un potenziale di crescita illimitato se si offre un valore unico e si evita la guerra dei prezzi. Quindi, a meno che non abbiate un modo rivoluzionario di ridurre i vostri costi a 1/10 rispetto alla vostra concorrenza, non competere sul prezzo.

Come ha detto Dan Kennedy, "Non c'è alcun vantaggio strategico nell'essere il secondo meno costoso nel mercato, ma c'è per essere il più costoso".

Quindi l'obiettivo della nostra Offerta sarà di far dire sì a più persone *ad un prezzo più alto* aumentando la discrepanza tra il nostro valore ed il prezzo. In altre parole, aumenteremo il prezzo solo *dopo* aver aumentato sufficientemente il nostro valore. In questo modo, otterranno comunque un affare incredibile (pensate di acquistare $100.000 di valore per $10.000).

REGALO #3: TUTORIAL BONUS E DOWNLOAD GRATUITI: Fissa Il Prezzo Che Vale

Se vuoi sapere come creo discrepanze di valore per prodotti B2B o B2C, vai al corso di offerte di **Acquisition.com/training/offers** e guarda "**Fissa Il Prezzo Che Vale**" per un breve tutorial video. Il mio obiettivo è guadagnare la tua fiducia e fornirti valore in anticipo. Pertanto, è assolutamente gratuito. Buon divertimento

---

Perché Dovresti Stabilire Un Prezzo che Suscita Disagio

La maggior parte degli imprenditori *non* competono né sul prezzo né sul valore. Infatti, non competono proprio. Di norma, il loro approccio ai prezzi si svolge in questo modo:

1) Guardare il mercato

2) Vedere cosa offre ognuno

3) Prendere la media

4) Andare leggermente al di sotto per rimanere "competitivi"

5) Fornire ciò che offrono i loro concorrenti con "un po' di più"

6) Finire con una proposta di valore di "più per meno"

E il grande segreto è: quei concorrenti che stanno copiando sono al verde. *Quindi, perché diavolo copiarli?*

Quando si stabilisce il prezzo in linea con il mercato, si segue la tendenza del mercato. Nel tempo, in un mercato efficiente, sempre più concorrenti entrano in gioco offrendo "un

Copyright © 2024 da ACQUISITION.COM LLC NON PER LA DISTRIBUZIONE

po' di più per un po' meno", fino a quando nessuno riesce più a offrire di più per meno. A quel punto, il mercato raggiunge una perfetta efficienza e i proprietari di attività coinvolte guadagnano appena abbastanza per coprire i costi alla fine del mese. Il 10-20 percento inferiore degli operatori viene eliminato o perde interesse nella lotta. In seguito, nuovi imprenditori senza esperienza entrano in gioco e ripetono il ciclo dei loro predecessori.

In parole semplici, fissare i prezzi in questo modo significa offrire un servizio leggermente al di sopra del costo necessario per mantenersi a galla. *Non* stiamo cercando di restare appena sopra la superfice. Stiamo cercando di fare quantità esorbitanti di soldi che faranno chiedere ai tuoi parenti se quello che stai facendo è legale. Ripeto, non stiamo cercando di ottenere il maggior numero di clienti. **Stiamo cercando di fare il maggior numero di soldi possibile.**

Detto ciò, poiché non esiste alcun beneficio strategico nell'essere colui con il prezzo più basso, permettimi di darti una breve panoramica su perché considero il prezzo premium non solo una scelta molto intelligente dal punto di vista aziendale, ma anche una scelta morale. Inoltre, è l'unica scelta che ti permetterà di fornire veramente il massimo valore, una posizione unica e forte nel mercato. Ti presento il circolo virtuoso del prezzo.

 Copyright © 2024 da ACQUISITION.COM LLC NON PER LA DISTRIBUZIONE

Circolo Virtuoso del Prezzo

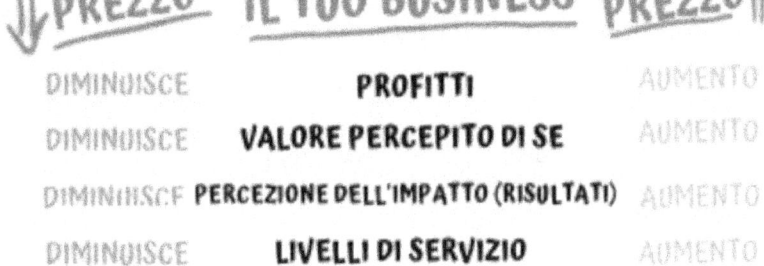

Ho adoperato questo framework nella maggior parte dei miei materiali perché deve essere costantemente rafforzato. Le forze del mercato continuamente mettono alla prova il tuo sistema di credenze. Devi rimanere saldo e ignorarle! Questa è la premessa di base del motivo per cui devi adottare un prezzo premium se vuoi offrire il miglior servizio possibile ai tuoi clienti.

Quando abbassi il prezzo, tu . . .

. . . Diminuisci l'investimento emotivo dei tuoi clienti poiché non gli è costato molto

Copyright © 2024 da ACQUISITION.COM LLC NON PER LA DISTRIBUZIONE

. . . Diminuisci il valore percepito dei tuoi servizi poiché non può essere così buono se è così economico o ha lo stesso prezzo di tutti gli altri

. . . Diminuisci i risultati dei tuoi clienti perché non valorizzano il tuo servizio e non sono investiti

. . . Attrarrete i peggiori clienti che non saranno *mai* soddisfatti finché il tuo servizio non sarà *gratuito*

. . . Distruggi qualsiasi margine ti sia rimasto per fornire effettivamente un'esperienza eccezionale, assumere le persone migliori, investire nei tuoi dipendenti, coccolare i tuoi clienti, investire nella crescita, investire in altre sedi o in una maggiore scala, e tutto il resto che speravi di poter fare per aiutare più persone a risolvere qualsiasi problema tu risolva.

In breve, la tua situazione attuale è difficile. E per rendere le cose ancora peggiori, il tuo servizio probabilmente è mediocre perché stai cercando di fare il massimo con risorse limitate. Non c'è abbastanza denaro per raggiungere l'eccellenza. Di conseguenza, finisci solo per essere una delle tante aziende medie in discesa. Ho vissuto questa realtà. È terribile. Se desideri sinceramente il meglio per i tuoi clienti e i tuoi dipendenti, smetti di venderti a poco quando c'è una soluzione migliore.

Questo è ciò che accade quando aumenti i tuoi prezzi

Quando alzi i prezzi, tu . . .

. . . *Aumenti* l'investimento emotivo dei tuoi clienti

. . . *Aumenti* il valore percepito del tuo servizio da parte dei tuoi clienti

. . . *Aumenti* i risultati dei tuoi clienti perché valorizzano il tuo servizio e sono investiti

. . . Attrarrete i *migliori* clienti che sono i *più facili* da soddisfare e in realtà costano *meno*, e che sono i più propensi a ricevere e percepire il valore relativo maggiore

. . . *Moltiplichi* il tuo margine perché hai denaro da *investire* in sistemi per creare efficienza, persone intelligenti, migliorare l'esperienza del cliente, scalare la tua attività e, soprattutto, per continuare a vedere il numero nel tuo conto bancario personale aumentare mese dopo mese, anche reinvestendo nella tua attività. Questo ti permette di goderti il processo nel lungo periodo e aiutare sempre più persone man mano che cresci, invece di bruciarti e scomparire nell'oblio.

Per spingere ulteriormente l'argomento a favore di prezzi più alti, ecco alcuni concetti interessanti. Quando aumenti il prezzo, incrementi il valore percepito dal consumatore senza apportare alcuna modifica al tuo prodotto. Aspetta un momento, come è possibile? Esatto.

 Copyright © 2024 da ACQUISITION.COM LLC NON PER LA DISTRIBUZIONE

Prezzi superiori equivalgono a un valore superiore.

In un test di degustazione alla cieca, i ricercatori hanno chiesto ai consumatori di valutare tre vini: un vino a basso prezzo, un vino a prezzo medio e un vino caro. Durante lo studio, i partecipanti hanno valutato i vini con i prezzi visibili. Li hanno valutati, come era prevedibile, in base al loro prezzo, con il più costoso che è stato giudicato il "migliore", il secondo più costoso il "secondo migliore" e la terza opzione più economica giudicata come "vino economico".

Ciò che i degustatori non sapevano è che i ricercatori hanno dato loro lo stesso vino tre volte. Tuttavia, i degustatori hanno riportato una grande discrepanza tra il vino "a prezzo elevato" e il "vino economico". Ciò ha profonde implicazioni per la relazione diretta tra valore e prezzo.

In sostanza, alzare i prezzi può migliorare direttamente il valore che fornisci. Inoltre, più il prezzo è alto, più il tuo prodotto o servizio ha un fascino. Le persone *vogliono* comprare cose costose. Hanno solo bisogno di una ragione. E l'obiettivo non è solo essere leggermente sopra il prezzo di mercato – L'idea è essere tanto più elevati che il consumatore si chieda: "Questo è incredibilmente più costoso, deve esserci qualcosa di completamente diverso qui."

Questo è come creare una categoria unica. In questo nuovo mercato percepito, sei un monopolio e puoi fare profitti da monopolio. Questo è l'obbiettivo.

Un'ultima osservazione che desidero sottolineare è che, se il servizio che stai offrendo richiede che il cliente faccia uno sforzo per ottenere risultati o risolvere il problema che dici di affrontare, allora devono essere coinvolti. Maggiore è il loro coinvolgimento, maggiore è la probabilità di raggiungere risultati positivi.

Quindi, si deduce che se ti preoccupi dei tuoi clienti, devi coinvolgerli il più possibile. Idealmente, ciò significa fissare il prezzo dei tuoi servizi o prodotti in modo che il cliente ne *risenta* quando acquista. Questo fastidio li obbligherà a concentrarsi e a investire maggiormente nel tuo prodotto o servizio. Coloro che pagano di più, prestano maggiore attenzione. E se i tuoi clienti sono più fedeli e perseverano, e se ottengono risultati migliori con il tuo servizio rispetto alla concorrenza, allora stai fornendo più valore di chiunque altro. È così che si vince.

Ma so che non è facile, e non dovrebbe esserlo. Il tuo prodotto deve *funzionare*. Molti vorrebbero evitare il lavoro vero e proprio. Se lo fai, *fallirai*. Nella pratica quotidiana, se vuoi avere la determinazione di richiedere prezzi più alti, devi superare i tuoi dubbi con ancora più convinzione. Devi avere una tale fiducia nella tua offerta, basata sulla sua dimostrata efficacia, che sei sicuro che il cliente otterrà successo. L'esperienza è ciò che ti dà la convinzione di chiedere come pagamento l'intero stipendio annuo di qualcuno. Devi

Copyright © 2024 da ACQUISITION.COM LLC NON PER LA DISTRIBUZIONE

credere così profondamente nella tua soluzione che quando ti guardi allo specchio la sera, da solo, la tua convinzione rimane inossidabile. Lascia che ti racconti la mia esperienza personale per concludere questa sezione.

La Mia Esperienza con il Prezzo Premium

Nei primi tempi della mia consulenza specializzata con Gym Launch, lavoravo con i proprietari di palestre per migliorare la loro attività. Prima di trasformare i miei servizi di consulenza in un prodotto, ho dedicato 18 mesi a viaggiare e visitare 33 palestre per apportare miglioramenti.

Andavamo di persona, ristrutturavamo completamente la palestra e la rilanciavamo in soli 21 giorni. In media, questo portava a un aumento di $42.000 nelle vendite aggiuntive in un breve lasso di tempo. Era sorprendente. Il mio compenso era il 100% del guadagno aggiuntivo che avrei generato.

Durante il picco dell'attività, riuscivamo a trasformare fino a otto palestre al mese. Ma presto ci siamo resi conto che questo creava enormi problemi logistici. Dopo aver trascorso mesi e mesi in motel, ho cominciato a considerare alternative più pratiche..

Un mese, era previsto che ci recassimo in una palestra, ma sinceramente non ne avevo voglia. Ho quindi comunicato loro che avremmo dovuto cancellare l'appuntamento. Il proprietario della palestra mi ha quasi minacciato per ottenere il mio aiuto. Allora ho acconsentito ad aiutarlo, a patto che si assumesse tutto il carico di lavoro e che io gli mostrassi come farlo.

Entro trenta giorni, quella palestra aveva generato quasi 44.000 dollari in nuove vendite pagate anticipatamente in contanti. Appena ho realizzato che il mio metodo poteva essere replicato a distanza, senza dover convincere personalmente le persone... il nostro business è letteralmente esploso. Una volta trovato il tassello mancante, dato che il mio calendario di viaggio non era più un ostacolo, abbiamo continuato a vendere oltre 4000 palestre nei successivi anni (e ancora oggi) utilizzando un modello *fatto-con-te* invece che fatto-per-te. Ma. . .torniamo al prezzo premium.

Quando sono entrato nel settore, i concorrenti a basso costo offrivano servizi di marketing a tutto tondo a 500 dollari al mese, con un singolo concorrente ad alto prezzo che offriva il suo prodotto a 5.000 dollari.

Il mio obiettivo era diventare il punto di riferimento nel settore dei prezzi premium. Abbiamo scelto di posizionarci con un prezzo tre volte superiore rispetto al nostro concorrente più costoso e addirittura 32 volte superiore rispetto ai concorrenti a basso costo. Abbiamo proposto un prezzo di 16.000 dollari per una sessione intensiva di 16

Copyright © 2024 da ACQUISITION.COM LLC NON PER LA DISTRIBUZIONE

settimane, completamente personalizzata per le esigenze di ciascun cliente. Successivamente, abbiamo offerto un pacchetto annuale con uno sconto del 35 percento rispetto al prezzo iniziale, pari a 42.000 dollari l'anno, per aiutarli a espandere le loro palestre.

Per contestualizzare: il proprietario medio di una palestra guadagna 35.280 dollari/anno di profitti netti. Se quello è il dato medio, significa che la *metà* di loro guadagna ancora *meno*. Quindi, per molti di loro, ciò significava investire la metà o più del loro stipendio annuale per acquistare il nostro programma. E abbiamo venduto tutto questo a uomini adulti come se fossero ventenni, promettendo loro un aumento dei loro guadagni. Questo era possibile perché la mia convinzione superava il loro scetticismo. *Come?*

In base ad un sondaggio volontario effettuato al nostro ultimo evento aziendale con 158 palestre che hanno risposto, abbiamo scoperto che una palestra Gym Launch che ha seguito il nostro programma per 11 mesi avrà le seguenti migliorie medie:

Crescita del fatturato: +19.932 dollari/mese (+239.000 dollari/anno)

Crescita del fatturato ricorrente: +13.339 dollari/mese (+160.068 dollari/anno)

Crescita del risultato netto (profitto): da 2.943 dollari/mese a 8.940 dollari/mese (3,1 volte!)

Crescita dei clienti: +67

Rottura (% di clienti che lasciano ogni mese): dal 10,7% al 6,8%

Vendite al dettaglio: +4.400 dollari/mese di vendite di prodotti al dettaglio

Prezzi: da 129 dollari/mese a 167 dollari/mese.

Il sondaggio ha solo dimostrato ciò che sapevo già. Avevo una completa convinzione nel nostro prodotto. Sapevo che funzionava. Avevo *superato i miei dubbi su di me*.

Riassunto

In primo luogo, fai pagare un prezzo premium. Ti permetterà di fare cose che nessun altro può fare per rendere i tuoi clienti di successo. Siamo stati in grado di fare pagare un prezzo premium perché abbiamo fornito più valore di chiunque altro nel settore. In un modo reale, stavamo fatturando solo una *frazione* di ciò che i nostri clienti guadagnavano utilizzando il nostro sistema. Questo è importante. I nostri clienti hanno comunque fatto un affare. Il divario tra ciò che hanno pagato (prezzo) e ciò che hanno ottenuto (valore) era enorme. Di conseguenza, il ciclo virtuoso continuò a girare. Abbiamo fatto pagare il prezzo più alto.
Abbiamo fornito il maggior valore.

Copyright © 2024 da ACQUISITION.COM LLC NON PER LA DISTRIBUZIONE

I nostri centri fitness sono rimasti i più competitivi, hanno guadagnato più denaro, hanno sempre avuto i sistemi di acquisizione più recenti e migliori e il supporto per implementarli a velocità incredibile.

Abbiamo fatto molti errori lungo la strada, ma il nostro modello di prezzo non è stato uno di questi. Mi ha permesso di fare grandi scommesse senza perdere tutto. La verità è che il 99 percento delle imprese ha bisogno di aumentare i prezzi per crescere, non di diminuirli. Il profitto è ossigeno. Alimenta il fuoco della crescita. Ne hai bisogno se vuoi raggiungere più persone e avere un impatto maggiore.

Tuttavia, per fare pagare così tanto, devi imparare a creare un valore tremendo. Ci arriviamo dopo.

 Copyright © 2024 da ACQUISITION.COM LLC NON PER LA DISTRIBUZIONE

SEZIONE III
Valore - Crea la Tua Offerta

Come Fare Offerte Così Buone che Le Persone Si Sentano Stupide a Dire di No

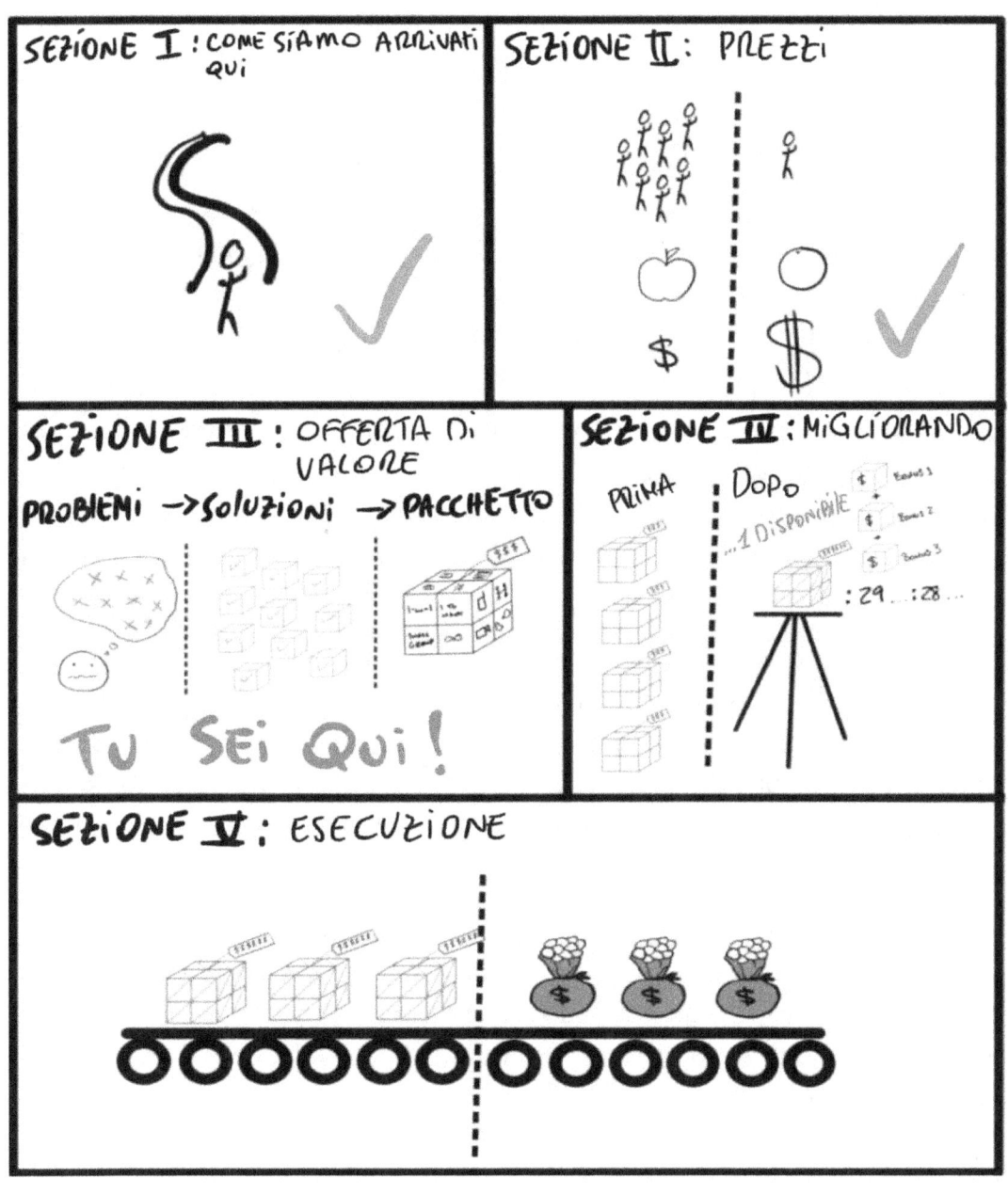

Offerta di Valore: L'Equazione Del Valore

"Metto in dubbio tutte le mie convinzioni, tranne quelle in cui veramente credo, e di quelle non mi viene mai in mente di dubitare."

— **Orson Scott Card**

Voglio essere molto chiaro: l'obiettivo dovrebbe essere di far pagare il massimo denaro possibile per i tuoi prodotti o servizi. Parlo di cifre astronomiche. Detto ciò, chiunque può aumentare i prezzi, ma solo pochi eletti possono far pagare queste tariffe e *far dire sì alle persone.*

Da questo momento in poi, devi abbandonare qualsiasi idea che hai su ciò che è "giusto". Tutte le grandi aziende al mondo ti fanno pagare per cose che non gli costano nulla. Alle compagnie telefoniche costa solo pochi centesimi aggiungere un nuovo utente alla rete, ma non gli importa di farti pagare centinaia di dollari al mese per l'accesso. Costa centesimi per fabbricare farmaci, ma non gli importa addebitarti centinaia di dollari al mese per questo. Le aziende fanno pagare agli inserzionisti una fortuna per attirare la tua attenzione, e non gli costa nulla farti piacere le foto di gattini sui social media. Devi avere *bisogno* di una grande discrepanza tra ciò che qualcosa ti costa e ciò che fai pagare per esso. È l'unico modo per avere successo in modo irragionevole.

Molti imprenditori credono che far pagare "troppo" sia sbagliato. La realtà è che sì, non dovresti mai far pagare più di quanto valga il tuo prodotto. Ma dovresti far pagare molto di più per il tuo prodotto e servizio di quanto costa soddisfarlo. Pensa fino a cento volte di più, non solo due o tre volte di più. E se fornisci abbastanza *valore*, dovrebbe sempre essere uno *sblocco* per il cliente potenziale. Questo è il potere del valore. Sblocca un potere illimitato di prezzi e profitti per scalare la tua azienda.

Ad esempio, uno dei miei clienti privati (di cui ho una quota di partecipazione nella sua azienda) è nel settore della fotografia. In due anni, implementando le tattiche descritte in questo libro, il proprietario è stato in grado di aumentare il prezzo medio da $300 a $1.500. Questo è un aumento del 5 x (oh!). Ancora più interessante, ora dedicano meno tempo per ogni cliente e hanno una *maggiore* soddisfazione del cliente. L'aumento del prezzo medio del 5 x ha moltiplicato per 38 il profitto dell'azienda. È passata dal fare $1.000/settimana di profitto a $38.000/settimana di profitto e continua a crescere. Di conseguenza, l'azienda è stata finalmente in grado di espandersi a più sedi e fornire lavoro significativo a più

 Copyright © 2024 da ACQUISITION.COM LLC NON PER LA DISTRIBUZIONE

dipendenti. E il vantaggio divertente, siamo stati in grado di donare ancora più denaro in beneficenza per i bambini, che è qualcosa che il proprietario ed io abbiamo in comune (quasi $500.000 al momento della scrittura del libro). Ma tutto ciò non sarebbe stato possibile senza capire ciò che le persone valorizzano di più, concentrarsi su di esso e eliminare spietatamente tutto il resto. Un aumento del prezzo del 5x può sembrarti pazzesco, ma i clienti hanno votato con i loro soldi che ciò che l'azienda fornisce ora è molto migliore di prima. Scoprire il valore apre il mondo del profitto, dell'impatto e delle possibilità illimitate.

Coloro che comprendono il *valore* sono quelli che saranno in grado di far pagare il più alto per i loro servizi. La buona notizia è che c'è una formula ripetibile che ho creato (non l'ho mai vista altrove) per aiutare a quantificare le variabili che creano valore per qualsiasi offerta. La chiamo *l'Equazione del Valore*. Una volta che la vedi, non puoi più non vederla. Funzionerà nel tuo subconscio, in background, richiamandoti. È una nuova lente attraverso cui vedere il mondo.

L'Equazione del Valore

Copyright © 2024 da ACQUISITION.COM LLC NON PER LA DISTRIBUZIONE

REGALO #4: Tutorial Bonus dell'Equazione del Valore e Download Gratuito(i):

Se vuoi sapere come suddivido l'offerta principale di un'azienda in qualcosa di più prezioso, vai su **Acquisition.com/training/offers** e seleziona il video sull' **"Equazione del Valore"** per guardare un breve tutorial. Ho incluso anche una checklist scaricabile. Il mio obiettivo è *guadagnare la tua fiducia* e fornirti valore in anticipo. Pertanto, è assolutamente gratuito. Goditelo.

Come puoi vedere dall'immagine, ci sono quattro fattori principali del valore. Due dei fattori (in alto), cercherai di aumentarli. Gli altri due (in basso), cercherai di diminuirli.

1. (Yay) L'obiettivo finale (Obiettivo: Aumentare)

2. (Yay) Percezione della probabilità di successo (Obiettivo: Aumentare)

3. (Boo) Percezione del tempo tra l'inizio e il successo (Obiettivo: Ridurre)

4. (Boo) Percezione dello sforzo e del sacrificio (Obiettivo: Ridurre).

Se hai notato le domande nella sezione precedente che mio padre mi ha fatto, vedrai che corrispondono a questi pilastri:

- *Cosa farò?* (Obiettivo finale)

- *Come saprò che funzionerà?* (Percezione della probabilità di successo)

- *Quanto tempo ci vorrà?* (Ritardo nel tempo)

- *Cosa ci si aspetta da me?* (Sforzo e sacrificio).

Porta Il Fondo A Zero

All'inizio della mia carriera, ho concentrato tutta la mia attenzione sugli obiettivi finali e sulla percezione del raggiungimento (prova sociale, edificazione di terze parti, ecc.). In altre parole, sul lato superiore dell'equazione. È lì che i marketer principianti fanno promesse sempre più grandi. È facile ed è pigro.

Ma col passare del tempo, ho capito che queste promesse esagerate sono le più facili da stabilire (e quindi meno uniche). Dopotutto, chiunque può fare una promessa. Sono più difficili e competitivi il tempo lo Sforzo ed il Sacrificio. Le migliori aziende al mondo concentrano tutta la loro attenzione sul lato inferiore dell'equazione. Cercando ri rendere le cose più veloci, col minor sforzo e sacrificio possibile. Apple ha reso l'iPhone senza sforzo rispetto ad altri telefoni dell'epoca. Amazon ha reso l'acquisto un semplice clic di un pulsante *e* ha fatto sì che gli acquisti arrivassero quasi immediatamente (forse quando leggerai questo, invieranno droni alle nostre porte entro 60 minuti). Netflix ha reso immediato e senza sforzo il consumo di programmi televisivi. Quindi credo che meglio lo saprai fare, e meglio sarai ricompensato dal mercato.

Nota finale: Il motivo per cui questa è un'equazione di divisione e non di addizione ("+") è che volevo comunicare un punto chiave. Se puoi rendere la parte inferiore dell'equazione uguale a zero, sei al top. Non importa quanto sia piccola la parte superiore, qualsiasi cosa divisa per zero equivale all'infinito (che tecnicamente è indefinito per i nerd della matematica). In altre parole, se puoi ridurre il vero ritardo temporale dei tuoi potenziali clienti nel ricevere valore a zero (cioè realizzare e il loro obiettivo immediatamente) e il tuo sforzo e sacrificio sono zero, hai un prodotto di valore infinito. Se ci riesci, vinci il gioco.

Con questo concetto, un potenziale cliente dovrebbe (in teoria) acquistare qualcosa da te e, nel momento in cui la sua carta di credito viene addebitata, diventerebbe immediatamente realtà. *Questo* è un valore infinito.

Immagina di cliccare il pulsante di acquisto su un prodotto per la perdita di peso e vedere istantaneamente il tuo stomaco trasformarsi in un addome scolpito. O immagina di assumere una società di marketing e, non appena firmi il documento, il tuo telefono inizia a squillare con nuovi potenziali clienti altamente qualificati. Quanto sarebbero preziosi questi prodotti/servizi? Inestimabilmente preziosi. E questo è il punto.

Non so se noi imprenditori ci arriveremo mai, ma questo è il limite ipotetico a cui tutti dovremmo aspirare e per questo ho strutturato l'equazione in questo modo.

La Percezione è Realtà.

La percezione è la realtà. Non si tratta di quanto si aumenta la probabilità di successo del cliente, o si diminuisce il tempo per raggiungere il risultato, o si riduce lo sforzo e il sacrificio richiesti. Questo di per sé *non* è valore. Molte volte, il cliente non avrà idea di ciò. L'Offerta Grande Slam diventa preziosa solo quando il cliente percepisce l'aumento della probabilità di successo, *percepisce* la diminuzione del tempo di attesa e *percepisce* la diminuzione dello sforzo e del sacrificio.

Prendiamo la metropolitana di Londra come esempio concreto. Il maggiore aumento della soddisfazione dei passeggeri, cioè il valore aggiunto, non è stato ottenuto con treni più veloci per ridurre i tempi d'attesa. Invece, è stato ottenuto attraverso una mappa punteggiata semplice ma efficace che mostrava ai passeggeri quando sarebbe arrivato il prossimo treno e quanto dovessero aspettare. Questa mappa, che ha comportato solo pochi milioni di dollari di spese, ha ridotto la percezione del tempo d'attesa e il disagio (l'essere annoiati ad aspettare) dei passeggeri più dei treni più veloci (che richiedono miliardi di dollari per essere realizzati). Non è straordinario? Questa è la prospettiva da adottare quando pensiamo ai nostri prodotti.

 Copyright © 2024 da ACQUISITION.COM LLC NON PER LA DISTRIBUZIONE

Suggerimento Professionale: Soluzioni Logiche vs Psicologiche

La maggior parte delle persone cerca naturalmente di risolvere i problemi utilizzando soluzioni *logiche*. Ma le soluzioni logiche di solito sono già state provate... perché sono logiche (è quello che tutti farebbero).

Come proprietari di attività e imprenditori, cerco sempre di trovare soluzioni *psicologiche* invece di soluzioni *logiche*. Perché se esistesse una soluzione logica, probabilmente sarebbe già stata risolta, eliminando così il problema. Tutto ciò che rimane sono i problemi *psicologici*.

Esempi ispirati da Rory Sutherland, CMO di Ogilvy Advertising:

"Qualsiasi idiota può vendere un prodotto offrendolo scontato, ci vuole un grande marketing per vendere lo stesso prodotto a un prezzo più alto"

Soluzione logica: rendere i treni più veloci per aumentare la soddisfazione

Soluzione psicologica: diminuire il fastidio dell'attesa aggiungendo una mappa a puntini

Soluzione psicologica: pagare dei modelli per fare le hostess durante il viaggio (le persone desidererebbero che ci volesse più tempo per arrivare a destinazione!)

Soluzione logica: rendere l'ascensore più veloce

Soluzione psicologica: aggiungere specchi a tutta parete per distrarre le persone a guardarsi e dimenticare quanto tempo sono stati nell'ascensore

Soluzione logica: renderlo più economico

Soluzione psicologica: produrre meno unità e aumentare il prezzo che fa sì che le persone lo desiderino di più.

Spesso le soluzioni più logiche sono state già provate e fallite. A questo punto della storia, dobbiamo provare a dare una possibilità alle soluzioni psicologiche per risolvere i problemi.

Copyright © 2024 da ACQUISITION.COM LLC NON PER LA DISTRIBUZIONE

Come proprietari di un'attività commerciale, spetta a noi comunicare con chiarezza questi fattori di valore per aumentare la percezione di queste realtà nei potenziali clienti. Il grado in cui rispondi a queste domande nella mente del tuo cliente determinerà il valore che stai creando. Solo in questo modo saremo in grado di realizzare il valore effettivo del nostro prodotto sul mercato e, per estensione, i prezzi esorbitanti che vogliamo addebitare.

È difficile separare i quattro driver del valore l'uno dall'altro, poiché la maggior parte dei veicoli combina insieme molti di questi elementi, ma farò del mio meglio per isolare e spiegare chiaramente ciascuno di essi di seguito.

#1 Risultato Sognato (Obiettivo = Aumento)

Le persone hanno desideri profondi e immutabili. È per questo che si perdono matrimoni, si combattono guerre e le persone sono disposte a morire. Il nostro obiettivo non è creare il desiderio, ma semplicemente indirizzarlo attraverso la nostra offerta e il nostro mezzo di monetizzazione.

Il risultato sognato è l'espressione dei sentimenti e delle esperienze che il potenziale cliente ha immaginato nella sua mente. È la differenza tra la sua realtà attuale e i suoi sogni. Il nostro obiettivo è rappresentare accuratamente quel sogno, in modo che il cliente si senta capito, e spiegare come il nostro mezzo lo porterà a raggiungerlo.

Il risultato sognato è semplice; è nel "raggiungerlo" che il valore viene aumentato o diminuito.

In generale, le persone e i nostri clienti vogliono:

... Essere considerati belli

... Essere rispettati

... Essere percepiti come potenti

... Essere amati

... Aumentare il loro *status*

Questi sono tutti potenti driver.

Ma molti mezzi possono raggiungere lo stesso obiettivo. Prendiamo ad esempio il desiderio "*di essere percepiti come belli*", ecco molte cose che soddisfano questo desiderio:

Make Up

Creme / sieri anti-invecchiamento

 Copyright © 2024 da ACQUISITION.COM LLC NON PER LA DISTRIBUZIONE

Integratori

Indumenti modellanti

Chirurgia plastica

Fitness

→ Tutti questi mezzi canalizzano il desiderio di essere considerati belli.

E se approfondiamo ulteriormente l'idea del desiderio di essere belli, vediamo che potrebbe essere una dichiarazione a livello superficiale di un desiderio più profondo di raggiungere uno status più alto nel proprio gruppo sociale.

Il concetto del fattore di valore dell'obiettivo desiderato viene utilizzato principalmente per confrontare il valore relativo *tra due diversi desideri soddisfatti*. In generale, l'obiettivo desiderato che aumenta più direttamente lo status di un potenziale cliente sarà quello che lui valuterà di più. Pertanto, un potenziale cliente potrebbe valutare di più un'intera categoria di prodotti o servizi che soddisfano un determinato desiderio rispetto ad un'altra categoria che ne soddisfa uno diverso. Per molti uomini, fare soldi è più importante che essere belli. Perché? Perché il denaro aumenta lo status sociale degli uomini più dell'essere belli. Quindi, in generale, i clienti valuteranno tutte le offerte che li fanno guadagnare più di quelle che li fanno apparire belli.

Una volta ho sentito Russell Brunson raccontare una storia su questo concetto. Ha spiegato come sua moglie, Collette, all'inizio avesse respinto questo concetto di status. Affermava di non essere guidata dallo status e di non voler mai guidare una Lamborghini. Invece, lei preferiva il suo minivan. Ma, dopo aver parlato ulteriormente, ha rivelato che era perché guidare una Lamborghini avrebbe diminuito il suo status tra le sue amiche mamme, mentre guidare un minivan avrebbe dimostrato di essere una buona madre (aumento di status). Quindi non si tratta di denaro, ma di status (*l'aumento o la diminuzione percepita nella posizione relativa rispetto agli altri socialmente o professionalmente*). Parla in termini di cose in cui il tuo potenziale cliente crede che aumenteranno il loro status, e avrai i tuoi potenziali clienti in estasi.

Copyright © 2024 da ACQUISITION.COM LLC NON PER LA DISTRIBUZIONE

> **Suggerimento Professionale: Descrivi i benefici in termini di status acquisito *dal punto di vista degli altri***
>
> Nella stesura di un testo pubblicitario, puoi renderlo molto più efficace parlando di come *gli altri* percepiranno il successo del cliente. Collega i punti per loro. Esempio: Se acquisti questo bastone da golf, il tuo drive aumenterà di 40 iarde. Le mascotte del tuo gruppo di golf cadranno a bocca aperta quando vedranno la tua palla volare 40 iarde più avanti delle loro . . . ti chiederanno cosa è cambiato . . . solo tu lo saprai.

Detto ciò, quando si confrontano due prodotti o servizi che soddisfano lo *stesso* desiderio, il valore dei risultati del sogno si annullerà (poiché sono gli stessi). Saranno le altre tre variabili a determinare la differenza nel valore percepito e, in ultima analisi, nel prezzo. Ad esempio, se abbiamo due prodotti o servizi che entrambi aiutano a rendere qualcuno bello, sarà la probabilità di successo, il ritardo temporale e lo sforzo richiesto a differenziare il valore percepito di ogni offerta.

In parole semplici: se due cose rendono qualcuno bello, cosa fa sì che una valga 50.000 dollari e l'altra solo 5 dollari? Risposta: L'entità delle altre tre variabili di valore.

#2 Percezione della Probabilità di Successo (Obiettivo = Aumento)

Questa è stata l'ultima delle variabili che ho aggiunto quando ho cercato di pensare a questo framework alcuni anni fa. Sentivo che mancava qualcosa solamente con le altre tre variabili.

Poi ho capito che le persone pagano per la certezza. Valorizzano la certezza. Chiamo questo "la percezione della probabilità di successo". In altre parole, "quanto credo che sia probabile che raggiungerò il risultato che sto cercando se acquisto questo prodotto?"

Ad esempio, quanto pagheresti per essere il 10.000° paziente di un chirurgo plastico rispetto al loro primo?

Se sei una persona normale e sana, molto di più. Voglio dire, potresti persino chiedere loro di pagarti se sei il loro primo paziente.

Puoi vedere anche da questo semplice esempio che mentre il servizio che stai ricevendo è tecnicamente lo stesso, l'unica cosa che cambia è la tua percezione della probabilità di ottenere ciò che desideri.

Entrambi i chirurghi impiegano lo stesso tempo per fare l'intervento (se non addirittura, l'uomo che l'ha fatto 10.000 volte probabilmente lo eseguirà più velocemente e *addebita* comunque *di più*). Il chirurgo più esperto ha un track record di successo che incentiva la sua desiderabilità.

Le persone attribuiscono valore a questa percezione di probabilità di successo. Aumentare la convinzione del cliente che la tua offerta funzionerà "realmente" per loro, renderà la tua offerta molto più preziosa anche se il lavoro rimane lo stesso dalla tua parte. Per aumentare il valore di tutte le offerte, dobbiamo comunicare la percezione della probabilità di successo attraverso la nostra messaggistica, le prove, ciò che scegliamo di includere o escludere nella nostra offerta e le nostre garanzie (più avanti approfondiremo questo argomento).

#3 Ritardo del Tempo (Obiettivo = Diminuire)

Il ritardo del tempo è il tempo tra l'acquisto del cliente e il ricevimento del beneficio promesso. Più breve è la distanza tra l'acquisto e il ricevimento del valore/risultato, più prezioso è il tuo servizio o prodotto.

Ci sono due elementi di questo driver del valore: il risultato a lungo termine e l'esperienza a breve termine. Molte volte, ci sono esperienze a breve termine che si verificano durante il tragitto verso il risultato a lungo termine. Si verificano "lungo il percorso" e forniscono valore.

È importante comprendere entrambi. Ciò che le persone *comprano* è il valore a lungo termine, ovvero il loro "risultato dei sogni". Ma ciò che li fa *restare* abbastanza a lungo per ottenerlo è l'esperienza a breve termine. Questi sono piccoli traguardi che il cliente vede lungo la strada e dimostrano loro di essere sulla strada giusta. Cerchiamo di collegare il maggior numero possibile di questi traguardi in qualsiasi servizio che offriamo. Vogliamo che i clienti ottengano una grande vittoria emotiva il prima possibile. Ciò dà loro l'adesione emotiva e lo slancio per raggiungere il loro obiettivo finale.

Suggerimento Professionale: Vittorie Veloci

Cerca sempre di incorporare vittorie immediate a breve termine per il cliente. Sii creativo. Devono solo sapere di essere sulla giusta strada e che hanno preso la giusta decisione di fidarsi di te e della tua attività

Ad esempio, ci vuole del tempo per aggiungere 239.000 dollari all'anno ad una palestra. Ma è ciò che stanno acquistando. Quindi, una volta che hanno acquistato, dobbiamo creare vittorie emotive velocemente. Un modo per farlo è far pubblicare loro gli annunci e farli

Copyright © 2024 da ACQUISITION.COM LLC NON PER LA DISTRIBUZIONE

chiudere la loro prima vendita di 2.000 dollari entro i primi sette giorni. In questo modo, la loro decisione di lavorare con noi viene rafforzata e immediatamente ci credono di più. Ciò li rende più propensi a seguire il resto dei nostri sistemi e raggiungere la loro destinazione finale.

Ti darò un altro esempio. Se vendo a qualcuno un programma per ottenere un corpo da bikini, potrebbero impiegare 12 mesi o più per raggiungere quell'obiettivo. Lungo il percorso, tuttavia, mentre cambiano il loro corpo, potrebbero sperimentare un maggiore desiderio sessuale, più energia e una cerchia più ampia di amici.

Inizialmente non acquistano queste cose, ma potrebbero diventare benefici a breve termine che li mantengono nel gioco abbastanza a lungo da raggiungere il loro obiettivo finale. Acquistano il sogno, ma rimangono per i benefici che scoprono lungo la strada. Più velocemente e chiaramente puoi dimostrare quei benefici, più valore avrà il tuo servizio. Per un cliente che desidera perdere peso, cercheremo di farlo incontrare con qualcun altro così da ottenere immediatamente alcuni benefici sociali dal programma e di solito gli diamo una dieta più aggressiva all'inizio. Perché? Perché vogliamo che abbiano una grande vittoria emotiva velocemente, così che si impegnino nel lungo periodo. Questo è anche supportato dalla scienza. Le persone che vivono una vittoria all'inizio sono più propense a continuare con qualcosa rispetto a quelle che non lo fanno.

Detto questo, dover aspettare da 12 a 24 mesi per ottenere ciò che si vuole è *molto* tempo quando si può fare la liposuzione e finire in un pomeriggio.
Questo dimostra solo una delle ragioni per cui le persone pagano 25.000 dollari per la liposuzione con addominoplastica, mentre le persone a malapena pagano 100 dollari al mese per unirsi ad un bootcamp.

Ma non è l'unica ragione, vero?

Questo mi porta all'ultimo fattore di valore: sforzo e sacrificio.

 Copyright © 2024 da ACQUISITION.COM LLC NON PER LA DISTRIBUZIONE

Suggerimento Professionale: Velocità batte Gratis

L'unica cosa che batte "gratis" è "velocità". Le persone pagheranno per la velocità. Molte aziende sono entrate in spazi gratuiti e hanno avuto un grande successo con una strategia "prima veloce". Alcuni esempi notevoli: MVD vs DMV attendere in fila per sempre o pagare 50 dollari e saltare la fila per rinnovare la patente privatamente. Fedex vs USPS (quando deve esserci per forza da un giorno all'altro). Spotify vs musica gratuita lenta. Uber vs camminare. Velocità batte il gratis. Molti saranno sempre disposti a pagare (il prezzo) per il (valore) della velocità. Quindi, se ti trovi in un mercato in competizione con il gratis, punta sulla velocità.

#4 Sforzo & Sacrificio (Obiettivo = Diminuire)

Questo è ciò che "costa" alle persone in termini di costi extra, cioè "altri costi accumulati lungo la strada". Questi possono essere sia tangibili che intangibili.

Utilizzando l'esempio del fitness rispetto alla liposuzione, vediamo la differenza di sforzo e sacrificio:

sforzo fisico e sacrificio	sforzo e sacrificio della liposuzione
Svegliarsi una o due ore prima al mattino	Addormentarsi
Dalle cinque alle dieci ore settimanali di tempo perso	Svegliati magro, garantito
Smetti di mangiare i cibi che ami	Essere dolorante per due o quattro settimane
Fame costante	
Dolore finito	
Sentimenti di imbarazzo per non sapere come esercitare	
Rischio di infortunio	
La vera nausea si sta risolvendo	
Preparazione dei pasti	
Nuovi generi alimentari / più costosi	
Nuovi vestiti (può essere un vantaggio per alcune persone)	
Paura di riconquistarla dopo tutto questo sforzo (impermanenza)	
Ecc...	

Questa differenza è enorme, vero?

Infatti, se guardiamo la pubblicità dei chirurghi plastici, questi sono i punti dolorosi esatti su cui fanno leva quando dicono cose come: *"Stanco di perdere ore preziose in palestra . . . stanco di provare diete che semplicemente non funzionano?"*

Ecco perché, quando si vende il fitness, bisogna lottare un'ora con il cliente per convincerlo a spendere 1/10 o 1/100 della somma che paga per la chirurgia. C'è semplicemente poca percezione del valore perché la probabilità percepita di raggiungere l'obiettivo, il tempo necessario per raggiungerlo e lo sforzo e il sacrificio richiesti sono elevati.

 Copyright © 2024 da ACQUISITION.COM LLC NON PER LA DISTRIBUZIONE

Quindi, anche se l'obiettivo è lo stesso, il valore dei mezzi è drasticamente diverso, da qui la differenza di prezzo.

Ridurre lo sforzo e il sacrificio, o almeno il percepite sforzo e sacrificio, può aumentare notevolmente la percezione della tua offerta.

In un mondo ideale, un potenziale cliente vorrebbe semplicemente "dire sì" e avere il loro risultato dei sogni senza dover fare ulteriori sforzi.

Questo è il motivo per cui i "servizi fatti per te" sono quasi sempre più costosi dei "fai da te", perché la persona non deve fare tutti gli sforzi e i sacrifici. C'è anche una componente di differenza nella "percezione della probabilità di successo". Le persone credono che se un esperto lo fa, allora avranno maggiori probabilità di ottenere il risultato desiderato rispetto a provarci da soli.

La mia speranza è che ora tu abbia una comprensione fondamentale dei componenti del valore e di come l'interazione tra ciascuno dei componenti crei o detratta del valore che qualcuno potrebbe essere disposto a pagare.

Mettere Tutto Insieme

Come ho detto prima, questi elementi non avvengono in modo isolato. Si verificano insieme, in combinazione. Quindi diamo un'occhiata ad alcuni esempi che utilizzano tutti e quattro i componenti del valore contemporaneamente.

Nel tentativo di quantificare il valore, li valuterò su una scala binaria di 0 o 1. 1 rappresenta il valore raggiunto. 0 rappresenta l'assenza. Di conseguenza li aggiungerò tutti e quattro insieme per darti una valutazione relativa del valore di un tipo di servizio. Il nostro obiettivo come marketer e proprietari di attività commerciali è quello di *aumentare* il valore del risultato dei sogni e la sua percezione della probabilità di successo, *riducendo* al contempo il ritardo temporale del raggiungimento del risultato e lo sforzo e sacrificio che occorre per arrivarci.

Per cominciare, farò un confronto tra due "veicoli" con risultati dei sogni identici: meditazione e Xanax. Entrambi offrono al compratore relax, diminuzione dell'ansia e sensazioni di benessere. Dimostrerò come gli altri tre fattori spostino drasticamente il valore del conseguimento del risultato dei sogni e, alla fine, il prezzo.

Esempio: Risultato del sogno: "Rilassamento", "Diminuzione dell'ansia", "Sensazione di benessere" *Meditazione vs Xanax*

Misura di Valore	Meditazione	Punteggio	Xanax	Punteggio
Sogno desiderato	"Rilassamento" "diminuzione dell'ansia" "sensazioni di benessere"	1/1	"Rilassamento" "diminuzione dell'ansia" "sensazioni di benessere"	1/1
Probabilità percepita	Basso, poiché la maggior parte delle persone si distrae e in realtà non pensa di portare a termine la meditazione quotidiana"	0/1	Alto, poiché la maggior parte delle persone sono fiduciosi che se prendono la pillola, li farà sentire più rilassati"	1/1
Ritardo	Ci vuole tempo per ottenere risultati a lungo termine. Alcuni benefici immediati si possono ottenere dopo 10-20 minuti (a condizione che non ti frustri).	.5/1	15 minuti per far sentire gli effetti	1/1
Fatica & Sacrificio	Scomodità fisica (spesso intorpidimento degli arti del corpo). Scomodità mentale (sensazione di fallire costantemente). Sacrificio di tempo (devi dedicare del tempo ogni giorno per farlo).	0/1	Ingoiare la pillola	1/1
Valore Totale	Basso	1.5/4	Alto	4/4

 Copyright © 2024 da ACQUISITION.COM LLC NON PER LA DISTRIBUZIONE

Ecco perché Xanax è un prodotto multimiliardario, mentre non conosco quasi nessuna attività di meditazione multimiliardaria... valore.

Non sono qui per discutere se la meditazione sia migliore dello Xanax (ovviamente lo è), ma ciò non significa che venga percepita come più preziosa.

Ecco perché l'industria degli integratori ($123 miliardi, *Grandview Research*) è due volte più grande dell'industria dei centri fitness ($62 miliardi, IHRSA). Entrambi raggiungono gli stessi obiettivi percepiti - "essere sani", "perdere peso", "apparire bene", "aumentare l'energia", ecc. - ma uno è percepito come più prezioso perché ha costi inferiori.

Le persone sono più disposte a pagare $200 per gli integratori che $29 al mese per un abbonamento. Prendere una pillola o bere uno shake richiede molto meno tempo ed è più facile che andare in palestra ogni giorno. Ecco perché. . . valore.

Un mondo pazzo in cui viviamo.

E puoi scegliere se "piangere" sul fatto che le persone "dovrebbero" *essere* in un certo modo o trarne vantaggio e capitalizzare sulla situazione. Questo libro è per coloro che vogliono essere vincitori, non vittime delle circostanze.

Puoi avere ragione o puoi arricchirti. Questo libro è per arricchirti. Se questo ti infastidisce, posalo e torna a combattere contro la natura umana. Suggerimento: non riuscirai a cambiarla.

Detto questo, sapere ciò che le persone apprezzano rispetto a ciò che è buono per loro è fondamentale. Ciò significa che puoi trovare modi per monetizzare le cose che le persone valorizzano per fornire loro ciò di cui hanno davvero bisogno.

Vincere-vincere.

Puoi fare la tua parte nel mondo e *trarne* profitto.

Copyright © 2024 da ACQUISITION.COM LLC NON PER LA DISTRIBUZIONE

Buona Volontà Gratuita

"Colui che ha detto che i soldi non possono comprare la felicità, non ne persi abbastanza."

- Sconosciuto

Le persone che aiutano gli altri (senza alcuna aspettativa) sperimentano livelli più elevati di realizzazione, vivono più a lungo *e* guadagnano di più. Vorrei creare l'opportunità di offrirti questo valore durante la tua esperienza di lettura o ascolto. Per farlo, ho una semplice domanda per te . . .

Aiuteresti qualcuno che non hai mai incontrato, se questo non ti costasse denaro ma non ricevessi nulla in cambio?

In tal caso, ho una "richiesta" da fare a nome di qualcuno che non conosci. E probabilmente, non conoscerai mai.

Sono proprio come te, o come eri tu qualche anno fa: meno esperti, pieni di desiderio di aiutare il mondo, alla ricerca di informazioni ma incerti su dove cercare   . . . . qui entri in gioco tu.

L'unico modo per noi di acquisition.com di realizzare la nostra missione per aiutare gli imprenditori è, prima di tutto, raggiungerli. E la maggior parte delle persone, infatti, giudica un libro dalla copertina (e dalle recensioni). Se hai trovato questo libro finora utile, potresti per favore prenderti un breve momento adesso e lasciare una recensione sincera del libro e dei suoi contenuti? Non ti costerà nulla e ci vorranno meno di 60 secondi.

La tua recensione aiuterà . . . .

. . . .un altro imprenditore a sostenere la propria famiglia.

. . . .un altro dipendente a trovare un lavoro che consideri significativo.

. . . .un altro cliente a sperimentare una trasformazione che altrimenti non avrebbe mai provato.

. . . .un altro cambiamento positivo nella vita

Per far sì che ciò accada... tutto quello che devi fare è.... e ci vogliono meno di 60 secondi.... lasciare una recensione.

 Copyright © 2024 da ACQUISITION.COM LLC NON PER LA DISTRIBUZIONE

Se sei su Audible - premi i tre puntini in alto a destra sul tuo dispositivo, clicca su "Valuta e recensisci", poi lascia una recensione con un voto a stelle.

Se stai leggendo su Kindle o su un e-reader - puoi scorrere fino in fondo al libro, poi fare uno swipe verso l'alto e ti verrà automaticamente chiesto di lasciare una recensione.

Se per qualche motivo abbiamo cambiato la funzionalità - in entrambi i casi, puoi andare sulla pagina Amazon del libro (o ovunque tu l'abbia acquistato) e lasciare una recensione direttamente lì.

PS - Se ti senti bene ad aiutare un imprenditore anonimo, sei il tipo di persona che preferisco. Sono ancora più entusiasta di aiutarti a spaccare nei prossimi capitoli (ti piaceranno le tattiche che sto per illustrarti).

PPS - Trucco della vita: se introduci qualcosa di prezioso a qualcuno, quella persona associa quel valore a te. Se vuoi del buon auspicio direttamente da un altro imprenditore, mandagli questo libro.

Grazie dal profondo del mio cuore. Ora torniamo al nostro programma.

- Il tuo più grande fan, Alex.

Valore dell'Offerta: Il Processo Di Pensiero

"Se inizialmente non hai successo, prova, prova, e prova ancora."

– Thomas H. Palmer , Teacher's Manual

Voglio fare un esercizio con te adesso. Voglio mostrarti la differenza tra la risoluzione convergente e divergente dei problemi. Perché? In modo che tu possa effettivamente creare l'Offerta del Grande Slam che diventerà la pietra angolare della tua attività.

Pensiero Convergente e Divergente

In termini semplici, la risoluzione convergente dei problemi è dove prendi molte variabili, tutte note, con condizioni invariate e convergerle su una singola risposta. Pensiamo alla matematica.

Esempio:

Hai 3 venditori che possono effettuare ciascuno 100 chiamate al mese.

Ci vogliono 4 chiamate per fare una vendita (compresi quelli che non si presentano).

Devi arrivare a 110 vendite . . .

Quanti Venditori devi Assumere?

Informazioni dedotte

1 venditore = 100 chiamate

4 chiamate = 1 vendita

100 chiamate / 4 chiamate per una vendita = 25 vendite per 100 chiamate

25 vendite per venditore

Obiettivo: 110 vendite in *totale* / 25 vendite per venditore = 4,4

Poiché non puoi assumere 4,4 venditori, decidi che ne devi assumere *cinque*.

RISPOSTA: E poiché ne hai 3, ne assumi altri *due*.

I problemi matematici sono convergenti. Ci sono molte variabili e una singola risposta. Ci viene insegnato per tutta la vita a scuola a pensare in questo modo. Questo perché è un modo semplice per valutare le cose.

 Copyright © 2024 da ACQUISITION.COM LLC NON PER LA DISTRIBUZIONE

Ma la vita ti pagherà per la tua capacità di risolvere i problemi utilizzando un processo di pensiero divergente. In altre parole, pensa a molte soluzioni per un singolo problema. Inoltre, le risposte convergenti sono binarie. Sono giuste o sbagliate. Con il pensiero divergente, puoi avere molte risposte giuste e una risposta che è maggiormente più corretta delle altre. Interessante, vero?

Ecco cosa ci presenta la vita per il pensiero divergente: molte variabili, note e sconosciute, condizioni dinamiche, molteplici risposte.

Per questo motivo, voglio fare un esercizio con te che coinvolgerà la parte del tuo cervello che dovrai usare per creare qualcosa di magico.

Lo chiamo l'esercizio del "mattoncino". Non preoccuparti, ci vorranno solo 120 secondi.

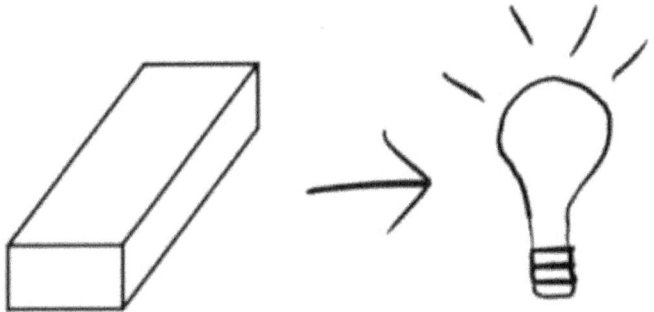

L'Esercizio Del Mattone

Adesso, voglio che imposti un timer sul tuo telefono per 120 secondi. Ciò che devi fare: pensa ad un mattone.

Scrivi tutti i possibili utilizzi di un mattone che riesci a immaginare. Quanti modi diversi ci sono per utilizzare un mattone per fornire valore. Pronto? Vai. Puoi scrivere nel libro senza problemi

_____

_____

_____

_____

_____

_____

Copyright © 2024 da ACQUISITION.COM LLC NON PER LA DISTRIBUZIONE

_____

_____

_____

_____

_____

_____

_____

_____

_____

_____

_____

_____

_____

_____

_____

_____

_____

_____

Va bene — fermati. Ora, prima di mostrarti la mia lista, hai considerato quanto segue…

. . .Di che dimensioni è il mattone? Una pastiglia di gomma, 3-5/8 "x 2-1/4" x 8 " (Standard), 2 piedi x 2 piedi x 6 piedi?

. . .Di che materiale è fatto il mattone? Plastica, Oro, Argilla, Legno, Metallo?

. . .Com'è la forma del mattone? Ha dei fori? Ha delle cavità per l'incastro?

Ora, mentre ci pensi, riesci a pensare ad ancora più utilizzi per il mattone di quelli che hai probabilmente già scritto?

Ecco la mia lista:

-– Fermacarte

— Fermaporta

 Copyright © 2024 da ACQUISITION.COM LLC NON PER LA DISTRIBUZIONE

— Costruire cose

— Casa per un pesce in una boccia

— Portavasi con terra nei fori (mattone forato)

— Come trofeo (mattone dipinto)

— Decorazione rustica

— Per rompere una finestra

— Creare un murale (piccoli mattoncini dipinti)

— Peso per allenamento della resistenza

— Cassetto per le penne (mattone forato)

— Giocattolo per bambini (mattoncini Lego)

— Dispositivo di galleggiamento (mattone di plastica)

— Pagamento per beni (mattone d'oro)

— Stabilizzatore per qualcosa che poggia

— Conservatore di valore (mattone d'oro)

— Supporto per l'asta della bandiera (mattone forato)

— Una seduta (gigantesco mattone)

Ogni offerta ha i mattoni fondamentali, i pezzi che combinati rendono l'offerta irresistibile. Il nostro obiettivo è utilizzare un processo di pensiero divergente per pensare a tanti modi facili di combinare questi elementi per fornire valore.

Quindi, se vendessi un mattone, scoprirei quale fosse il desiderio del mio cliente e poi penserei a quante vie diverse potrei creare per fornire valore con il mio "mattone".

Ora facciamolo per davvero.

Copyright © 2024 da ACQUISITION.COM LLC NON PER LA DISTRIBUZIONE

Offerta Di Valore: Crea La Tua Offerta Vincente Parte I: Problemi & Soluzioni

"ABC, facile come contare fino a tre Ah, semplice come do re mi"

– Michael Jackson, "ABC"

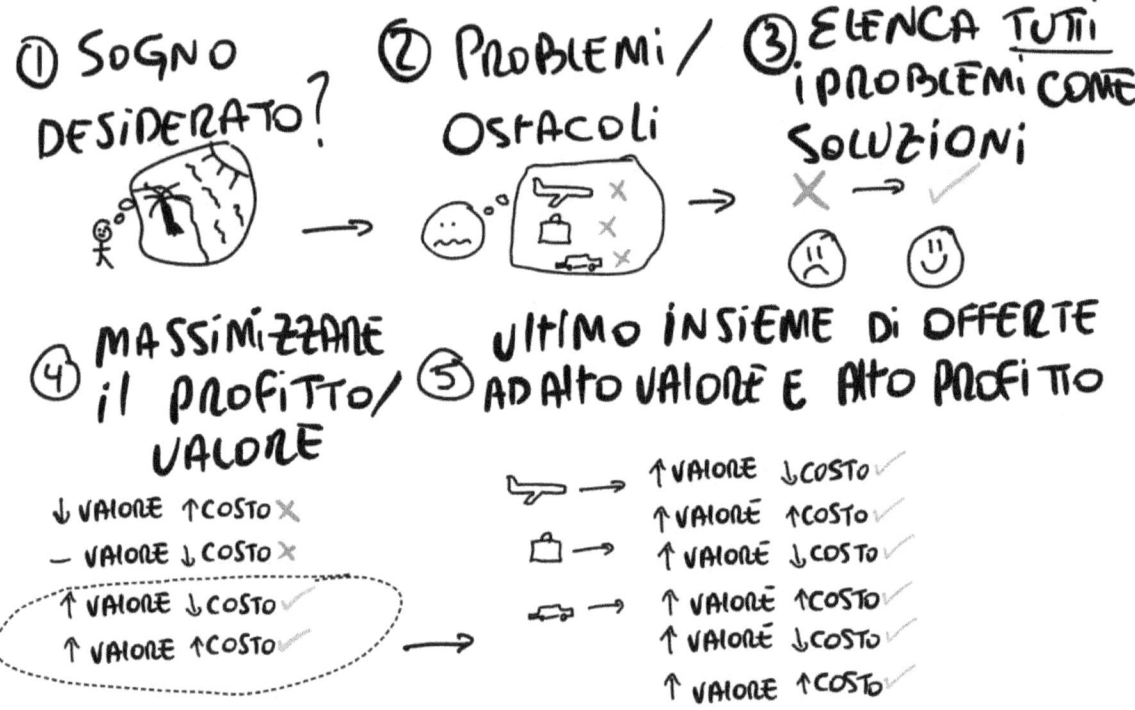

Quando ho aperto la mia palestra, ho faticato. Volevo davvero avere successo, dimostrare a mio padre che la mia decisione di avviare una mia attività era giusta, e dimostrare a me stesso che valevo qualcosa. Ma per quanto ci provassi, non riuscivo a convincere le persone a pagare 99 dollari al mese per una scheda di allenamento. La gente diceva: "LA Fitness costa solo 29 dollari al mese. Questo è troppo caro".

Ho persino provato a far iniziare le persone gratuitamente, ma dicevano che non ne valeva la pena se poi avrebbero dovuto pagare 99 dollari al mese era ancora troppo, e non volevano iniziare qualcosa che non avrebbero continuato.

È un nuovo livello di frustrazione quando non puoi nemmeno offrire i tuoi servizi gratuitamente alle persone. Mi sentivo inutile e non sapevo cosa fare. Fortunatamente, durante questo periodo, ero in gruppi con altri proprietari di palestre e ho iniziato a sentire parlare di marketer e libri. Ho divorato tutto ciò che potevo. E non appena sono incappato nei libri di Dan Kennedy, ne sono stato conquistato.

 Copyight © 2024 da ACQUISITION.COM LLC NON PER LA DISTRIBUZIONE

Nei suoi libri, parlava di creare "offerte irresistibili". Ancora una volta, questo tema di "creare un'offerta così buona che le persone si sentirebbero stupide a dire di no" continuava a riapparire. Ma questa volta, ricordando ciò che TJ mi aveva detto, ho deciso di investire tutto in questo concetto, invece di fare ciò che facevano tutti gli altri.

Ma come? Tutti gli altri vendevano schede di allenamento a $99 al mese. Come avrei potuto competere? Così ho deciso di guardare ciò che facevamo in modo diverso. Ho pensato — cosa vogliono *veramente*? Nessuno vuole una membership; vogliono perdere peso.

Passo #1: Identificare il Risultato Desiderato.

Avevo sentito parlare di sfide per perdere peso, quindi ho iniziato da lì.

Perdere 20 libbre in 6 settimane.

Grande risultato - perdere 20 libbre.

Con un tempo di attesa ridotto - 6 settimane.

Nota: non vendevo più la mia iscrizione. Non vendevo il volo. *Stavo vendendo la vacanza.* Quando pensi al tuo risultato desiderato, deve essere loro che arrivano alla loro destinazione e a ciò che vorrebbero *sperimentare*.

Passo #2: Elencare i Problemi.

Successivamente, ho scritto tutte le cose con cui le persone avevano difficoltà e i loro pensieri limitanti al riguardo. Quando si elencano i problemi, bisogna pensare a ciò che accade immediatamente prima e immediatamente dopo che qualcuno utilizza i tuoi prodotti/servizi. Qual è la "prossima" cosa per cui hanno bisogno di aiuto? Questi sono tutti i problemi. Pensa a tutto nei minimi dettagli. Se lo fai, creerai un'offerta preziosa e convincente poiché risponderai continuamente al prossimo problema delle persone man mano che si manifesta.

Quindi, procediamo ed elenchiamo i problemi dal punto di vista del potenziale cliente mentre ci pensi. Quali punti di attrito esistono per loro? Mi piace pensare nella sequenza in cui il cliente sperimenterà ciascuno di questi ostacoli. Ancora una volta, dettagli insani (più problemi ci sono, meglio è!).

Esempio di un elenco di problemi: Perdita di peso

Prima cosa che devono fare: acquistare cibo sano, fare la spesa

1) Acquistare cibo sano è difficile, e non mi piacerà.

Copyright © 2024 da ACQUISITION.COM LLC NON PER LA DISTRIBUZIONE

2) Acquistare cibo sano richiederà troppo tempo.

3) Acquistare cibo sano è costoso.

4) Non sarò in grado di cucinare cibo sano per sempre. Le esigenze della mia famiglia si metteranno sulla mia strada. Se viaggio non saprei cosa acquistare.

Prossima cosa da fare: *cucinare cibo sano*

1) Cucinare cibo sano è difficile. Non mi piacerà e sarò un incapace.

2) Cucinare cibo sano richiederà troppo tempo.

3) Cucinare cibo sano è costoso. Non ne varrà la pena.

4) Non sarò in grado di acquistare cibo sano per sempre. Le esigenze della mia famiglia si metteranno sulla mia strada. Se viaggio non saprò come cucinare sano.

Prossima cosa da fare: *Mangiare cibo sano*

1) Ecc…

Prossima cosa da fare: *Fare esercizio regolarmente*

1) Etc…

Adesso chiudiamo il cerchio. Ogni problema sopra elencato ha quattro elementi negativi. E se hai indovinato, ognuno di essi si allinea anche con i quattro punti di valore.

 Copyright © 2024 da ACQUISITION.COM LLC NON PER LA DISTRIBUZIONE

1) Risultato desiderato → Non varrà la pena finanziariamente

2) Probabilità di successo → Non funzionerà per me in modo specifico. Non sarò in grado di mantenerlo. Fattori esterni si metteranno sulla mia strada. (Questo è il problema più unico e specifico del servizio).

3) Sforzo e sacrificio → Sarà troppo difficile. Non mi piacerà. Sarò un incapace.

4) Tempo → Ci vorrà troppo tempo per farlo. Sono troppo occupato per farlo. Ci vorrà troppo tempo per far si che funzioni. Non sarà conveniente per me

Ora, vai avanti e elenca *tutti* i problemi che il tuo potenziale cliente ha. Non lasciare che questi raggruppamenti, che sono solo pensati per far funzionare il tuo cervello, ti limitino. Se ti è più facile, elenca tutto ciò che riesci a pensare.

Quello che ho mostrato qui non sono solo quattro problemi. Abbiamo 16 problemi principali dai due ai quattro problemi secondari al di sotto. Quindi, da 32 a 64 problemi totali. Wow. Non c'è da meravigliarsi se la maggior parte delle persone non raggiunge i propri obiettivi. Non essere sopraffatto. Questa è la migliore notizia di sempre. Più problemi si pensano, più problemi si hanno da risolvere.

Quindi, per riassumere, elenca semplicemente ogni cosa che qualcuno deve fare. Poi, pensa a tutte le ragioni per cui non sarebbero in grado di farlo, o di continuare a farlo (usando i quattro punti di valore come guida).

Ora arriviamo alla parte divertente: *trasformare i problemi in soluzioni.*

Passo #3: Elenco di Soluzioni

Ora che abbiamo il nostro risultato ideale e l'elenco di tutti gli ostacoli che qualcuno può incontrare nel percorso, è il momento di definire le nostre soluzioni ed elencarle.

La creazione dell'elenco di soluzioni prevede due fasi. Prima, trasformeremo i nostri problemi in soluzioni. Poi, daremo un nome a queste soluzioni. Tutto qui. Quindi diamo un'occhiata alla nostra lista di problemi di prima. Ciò che faremo è semplicemente trasformarli in soluzioni pensando, "*Cosa dovrei mostrare a qualcuno per risolvere questo problema?*" Poi invertiremo ogni elemento dell'ostacolo in linguaggio orientato alla soluzione. Questo è il copy writing. È al di là dello scopo di questo libro, ma semplicemente aggiungendo "come fare" e poi invertendo il problema darà alla maggior parte delle persone un ottimo punto di partenza. Ai nostri fini, ci stiamo dando una checklist di ciò che dovremo fare per i nostri potenziali clienti e cosa risolveremo per loro.

Una volta ottenuta la nostra lista di soluzioni, definiremo in maniera pratica come intendiamo *effettivamente* risolvere questi problemi (e creare valore) nella fase successiva.. E

Copyright © 2024 da ACQUISITION.COM LLC NON PER LA DISTRIBUZIONE

voglio essere al 100 per cento chiaro. *Risolverai* ogni problema. Esploreremo insieme come farlo, nel prossimo passo.

PROBLEMA → SOLUZIONE

PROBLEMA: *Acquistare cibo sano, fare la spesa*

. . . è difficile, non mi piacerà. Sarò negato → Come rendere l'acquisto di cibo sano facile e piacevole, in modo che chiunque possa farlo (soprattutto le mamme occupate!)

. . . richiede troppo tempo → Come acquistare cibo sano in modo rapido

. . . è costoso → Come acquistare cibo sano spendendo meno di quanto spendi attualmente.

. . . non è sostenibile → Come rendere l'acquisto di cibo sano meno faticoso

. . . non è la mia priorità. Le esigenze della mia famiglia mi impediranno di farlo → Come acquistare cibo sano per te e la tua famiglia.

. . . è impossibile se viaggio, non saprò cosa comprare → Come acquistare cibo sano quando si viaggia

PROBLEMA: Cucinare cibo sano

. . . è difficile. Non mi piacerà e non sarò bravo → Chiunque può gustare e apprezzare la cucina sana.

. . . richiederà troppo tempo → Come cucinare pasti in meno di 5 minuti

. . . è costoso, non ne vale la pena → Come mangiare sano è in realtà più economico del cibo non salutare

. . . non è sostenibile → Come rendere l'alimentazione sana duratura nel tempo

. . . non è la mia priorità, le esigenze della mia famiglia mi impediranno di farlo → Come cucinare in modo sano nonostante le preoccupazioni della tua famiglia

. . . è impossibile se viaggio e non so cucinare cibo sano → Come viaggiare e cucinare in modo sano.

PROBLEMA: Mangiare cibo sano

. . . è complicato e non mi piacerà → cucinare cibo sano e delizioso, in maniera semplice.

 Copyright © 2024 da ACQUISITION.COM LLC NON PER LA DISTRIBUZIONE

. . . ecc

PROBLEMA: *Fare esercizio fisico Regolarmente*

. . . è difficile, non mi piacerà e sarò inefficiente → Sistema facile da seguire che tutti apprezzano.

. . . ecc

Okay, wow. Sono un sacco di problemi (e un sacco di soluzioni intuite grazie al pensiero divergente). Noterai anche che molti di essi sono ripetitivi. Ed è del tutto normale. I fattori trainanti del valore sono i quattro pilastri fondamentali. I nostri problemi sono sempre legati a questi fattori, e le nostre soluzioni forniscono la risposta necessaria per dare al potenziale acquirente il permesso di acquistare. Ciò che è ancora più sorprendente è che se anche solo uno di questi bisogni manca in una soluzione, può influire sulle decisioni di acquisto di qualcuno. Saresti sorpreso dei motivi per cui le persone non acquistano. Quindi non limitarti qui.

Brooke Castillo è un'amica che è a capo di una grande impresa di coaching per la vita. Per darti un'idea diversa dell'elenco problemi-soluzioni, Brooke mi ha inviato la sua lista mentre stava leggendo questo libro per creare un'Offerta Grande Slam per un corso di 90 giorni sulle relazioni. Dai un'occhiata per vedere questo processo da un altro punto di vista. La cosa più importante, è non essere troppo sofisticato. Metti tutti i problemi per iscritto e poi trasformali in soluzioni.

Indipendentemente dal fatto che l'offerta che stai creando riguardi il fitness (come nell'esempio), un corso sulle relazioni (come Brooke), o qualcosa di totalmente diverso (come il dolore alle orecchie), ora sappiamo *cosa* fare. Il passo quattro è il come (e come farlo senza spendere una fortuna).

Copyright © 2024 da ACQUISITION.COM LLC NON PER LA DISTRIBUZIONE

> **REGALO #5 Tutorial Bonus: Creazione di un'offerta parte 1**
>
> Se vuoi passare attraverso il processo con me dal vivo, vai su **Acquisition.com/training/offers** quindi seleziona **"Creazione di un'offerta parte 1"** per guardare un breve tutorial video. Come sempre, è assolutamente gratuito. Ho anche una **Checklist Gratuita per la Creazione di Offerte** per te che puoi prendere e utilizzare immediatamente nella tua attività. Goditi il materiale.

Lista delle Soluzioni →

Come ottenere un elenco di potenziali
partners da coinvolgere in 90 Giorni

Come essere attratto dal proprio partner
scelto

Come trovare un partner disponibile

Come assicurarsi che 90 Giorni siano
entusiasmanti e non noiosi

Come creare un'intesa come se non
l'avessi mai saputo

Come comunicare in modo sexy,
divertente e significativi

Come rendere la relazione appassionante
essendo seducente

Come avere un'intimità Appagante per 90
Giorni

Come creare stimolazione intellettuale

Come investire l'impegno nella Relazione
per ottenere il massimo ritorno

Come trovare tempo per DOSI orarie di DOPAMINA

Come superare tutte le insicurezze
in una relazione di 90 Giorni

Copyright © 2024 da ACQUISITION.COM LLC NON PER LA DISTRIBUZIONE

Risultato Desiderato →

Straordinaria, relazione
duratura in 90 giorni

Problemi → nessuna buona opzione
non attraente
non disponibile
noioso
nessuna chimica
comunicazione scadente
non abbastanza caldo
il sesso non è buono
nessuna stimolazione intellettuale
non abbastanza impegno nella relazione
Insicurezza
Bisogni non soddisfatti
troppe aspettative insoddisfatte
comportamento follemente emotivo
la relazione è noiosa
vogliono cose differenti
non bravo/a nella relazione
troppa pressione
procede troppo lentamente
perde energia rapidamente
bambini coinvolti
incompatibilità sessuale

 Copyright © 2024 da ACQUISITION.COM LLC NON PER LA DISTRIBUZIONE

Offerta Di Valore: Creare La Tua Offerta Grande Slam Parte II: Taglia & Impila

"Taglia! Taglia! Taglia!" -Amici di Rachel Green In Friends

Ho diviso questo capitolo in due parti perché è la sezione più sostanziosa del libro. È anche la più importante. Senza un prodotto o servizio di valore, il resto del libro non sarà così azionabile. Abbiamo appena affrontato tutti i problemi che risolveremo. La seconda metà della creazione della tua offerta consiste nel suddividere in modo tattico ciò che faremo/forniremo per il nostro cliente. In teoria, a tutti piacerebbe volare via e vivere con i nostri clienti per risolvere i loro problemi. In realtà, questo non renderebbe un business molto scalabile. Abbiamo bisogno che la nostra offerta sia estremamente attraente *e* redditizia.

Detto questo, se questa è la tua prima offerta Grand Slam, è importante superare le aspettative. Fai qualche vendita, poi pensa a come rendere più facile la vita dei tuoi clienti. Vuoi che pensino: "Ottengo tutto questo, solo per questo?" In sostanza, vuoi che percepiscano un *valore enorme*.

Tutti acquistano. Alcune persone comprano cose che valgono $100.000 per soli $10.000 ed è ciò che vogliamo puntare: prezzi elevati, ma che valgano l'affare per il valore proposto.

Continuum dalle Vendite alla Soddisfazione del Cliente

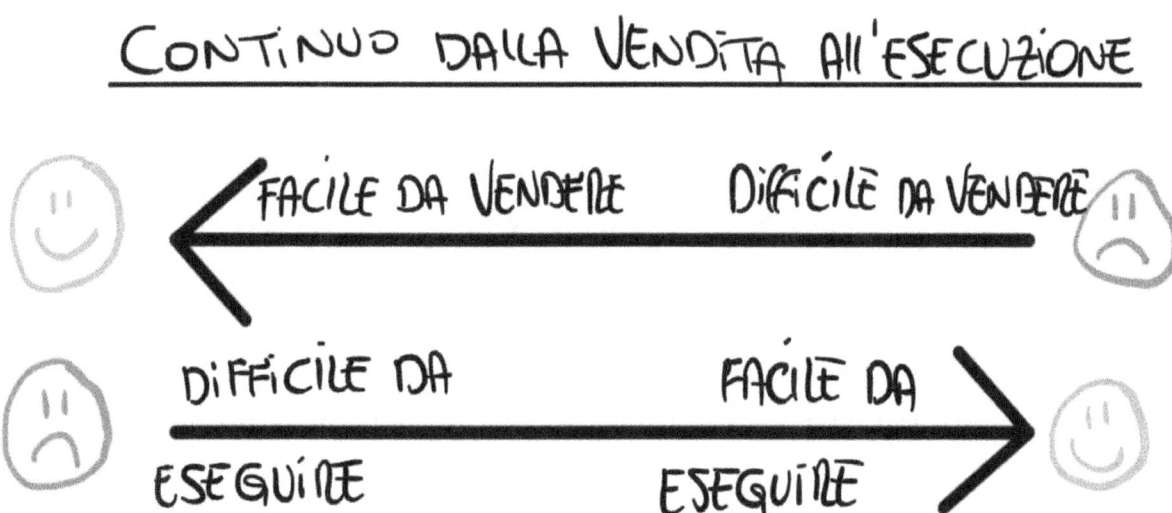

Per assimilare al meglio le nozioni di taglio e impilamento, abbiamo bisogno di una ristrutturazione mentale. Entra nel continuum dalle vendite fino all'appagamento personale.

Ogni volta che stai costruendo un'attività, hai un continuum tra la facilità di soddisfazione e la facilità di vendita. Se fai al minimo ciò che devi fare, aumenti la difficoltà di vendere il tuo prodotto o servizio. Se fai il massimo possibile, rendi il tuo prodotto o servizio facile da vendere, ma difficile da soddisfare perché c'è più richiesta sul tuo investimento di tempo. Il trucco, e l'obiettivo finale, è trovare un punto d'equilibrio in cui vendi molto bene qualcosa che è anche facile da realizzare.

Ho sempre vissuto seguendo il mantra: "Crea il flusso. Monetizza il flusso. Poi aggiungi attrito". Ciò significa che genero domanda *prima*. Quindi, con la mia offerta, li faccio dire di sì. Una volta che ho le persone che dicono di sì, solo allora aggiungerò attrito nel mio marketing o deciderò di offrire *meno* allo stesso prezzo.

La praticità guida questa pratica. Se non puoi far fluire la domanda, non hai idea se ciò che hai è buono. Preferisco fare di più per ogni cliente e avere un flusso di cassa in entrata, poi ottimizzare la mia attività ma avere zero flusso di cassa in entrata dopo (e zero idee su cosa devo migliorare per servire meglio i miei clienti).

Ecco un esempio perfetto per chiarire questo concetto. Quando ho avviato Gym Launch, i proprietari di palestre mi hanno contattato chiedendomi aiuto. Avevano bisogno di così tanto aiuto che non sapevo da dove cominciare. Ma volevo assicurarmi che ottenessero molto di più di quanto mi paghino. Quindi ecco cosa ho fatto per riempire le loro palestre: volavo fino alla loro palestra per 21 giorni, spendevo i miei soldi per gli hotel, l'affitto dell'auto, i pasti, la pubblicità, generavo i lead, lavoravo sui lead e poi vendevo per loro. Facevo persino il primo incontro con i clienti per farli iniziare. In breve, facevo *tutto*. Mi assumevo tutto il rischio.

Loro dovevano solo versare $500 per "prenotare" la loro data, che io avrei rimborsato alla fine del loro lancio. Quindi avevano 0 rischio finanziario, 0 rischio di tempo, 0 rischio di sforzo, e l'accordo era che io avrei tenuto tutto il denaro anticipato raccolto dalla vendita dei loro servizi, e loro avrebbero ottenuto i clienti gratuitamente. Puoi immaginare quanto fosse un'offerta allettante.

Da solo, sono riuscito a vendere circa $100.000 al mese di denaro anticipato per me stesso. Quindi questi accordi erano molto redditizi per me. Nel tempo, ho ampliato il team a 8 persone che vendevano ogni mese. Ma questo ha cominciato a pesare su di me e sul team. È stato in quel momento che ho capito che se avessi semplicemente insegnato loro come fare ciò che facevo io, avrei potuto chiedere forse un terzo di quello che avrei

 Copyright © 2024 da ACQUISITION.COM LLC NON PER LA DISTRIBUZIONE

normalmente guadagnato, ma avrei potuto aiutare centinaia di palestre al mese invece di otto. E, avrei potuto farlo dormendo nel mio letto ogni notte.

La mia promessa era fondamentalmente la stessa: riempirò la tua palestra in 30 giorni. Era semplicemente il *come* e il *cosa* che sono cambiati. Il *come* e il *cosa* sono ciò che stiamo smontando.

Quando parlo con i proprietari di attività commerciali del loro modello, dico loro di creare flussi di cassa offrendo molto di più di quanto promesso inizialmente. Quindi utilizzare i flussi di cassa per migliorare le operazioni e rendere l'attività più efficiente. Questo processo di revisione può essere abbastanza semplice. Potresti non dover nemmeno cambiare ciò che offri. Potresti semplicemente finire per creare sistemi che creano lo stesso valore per il cliente, ma che ti costano significativamente meno risorse.

In definitiva, è così che le imprese superano l'una o l'altra. Comprendere ciò sarà importante mentre aumenti le dimensioni della tua attività.

Ora che abbiamo stabilito l'importanza di questo punto e come affrontare il bilanciamento vendite-esecuzione fin dall'inizio, copriamo gli ultimi due passaggi per creare la nostra offerta da Grand Slam. Per ricapitolare rapidamente, ricorda che abbiamo coperto l'identificazione degli esiti desiderati (passaggio uno), l'elenco dei problemi (passaggio due) e la determinazione delle soluzioni (passaggio tre).

Passaggio #4: Crea i Veicoli di Consegna delle tue Soluzioni ("il Come")

Il passaggio successivo consiste nel pensare a tutte le cose che potresti *fare* per risolvere ciascuno di questi problemi che hai identificato. Questo è il passaggio più importante in questo processo. Questo è ciò che stai per *offrire*. Questo è ciò che farai o fornirai in cambio di denaro.

Per mantenere alta la creatività (il pensiero divergente), pensa a *qualsiasi cosa possa venirti in mente*. Pensa a tutte le cose che potrebbero aumentare il valore della tua offerta. Tanto da rendere stupido dire di no.

Cosa potresti fare che farebbe dire immediatamente a qualcuno: "Tutto questo? Seriamente? Sì, ci sto."

Fare questo esercizio renderà il tuo lavoro di vendita Molto. Più. Facile.

Anche se esci con qualcosa che non sei effettivamente disposto a fare, va bene. L'obiettivo qui è spingere i tuoi limiti e far scattare la tua mente verso una versione diversa della soluzione a cui normalmente ti affidi. Qui puoi sfoggiare la tua creatività imprenditoriale.

Promemoria: devi farlo solo *una volta*. Letteralmente *una volta* per un prodotto che può durare anni. Questo è un lavoro ad alto valore e alta leva. Alla fine, ti pagano per *pensare*. Ce la puoi fare. Dovrebbe essere divertente. Fai un elenco di tutte le tue possibilità ora. Quindi ti mostrerò il mio esempio. Userò solo il problema dell'acquisto di cibo come esempio. Mi piace raggruppare le cose in base a quante persone consegnerò contemporaneamente.

La mia lista è qui sotto. E in fondo, ti ho fornito i miei Cheatcodes su come rifletto su questo per diventare ancora più creativo.

Problema: Comprare cibo sano è complicato, confusionario e non mi piacerà

Se volessi fornire una soluzione uno-a-uno potrei offrire…

a) Spesa di persona, dove porto i clienti al negozio e insegno loro come fare la spesa

b) Lista della spesa personalizzata, dove insegno loro come fare la loro lista

c) Acquisto di cibo completo, dove compro il cibo per loro. Parliamo del 100 percento fatto per loro.

d) Orientamento di persona (non al negozio), dove insegno loro cosa prendere

e) Supporto via SMS durante la spesa, dove li aiuto se rimangono bloccati

f) Chiamata durante la spesa, dove pianifico di chiamarli quando vanno a fare la spesa per fornire indicazioni e supporto.

Se volessi fornire una soluzione per un piccolo gruppo potrei offrire…

a) Spesa di persona, dove incontro un gruppo di persone e li porto tutti a fare la spesa per sé stessi

b) Lista della spesa personalizzata, dove insegno a un gruppo di persone come fare le loro liste settimanali. Potrei farlo una volta sola o ogni settimana se volessi.

c) Acquisto di cibo per loro, dove acquisto i loro generi alimentari e li consegno anche

d) Orientamento di persona, dove insegno a un piccolo gruppo fuori dal negozio cosa fare

Se volessi fornire una soluzione da uno a molti potrei offrire…

 Copyright © 2024 da ACQUISITION.COM LLC NON PER LA DISTRIBUZIONE

a) Tour virtuale del negozio di alimentari in diretta, in cui potrei trasmettere in streaming il mio percorso attraverso il negozio di alimentari per tutti i miei nuovi clienti e permettere loro di porre domande in diretta.

b) Tour registrato del negozio di alimentari, in cui potrei fare la spesa una volta, registrare il tutto e poi fornirlo come punto di riferimento per i miei clienti da quel momento in poi, in modo che possano guardarlo da soli.

c) Calcolatore di spesa fai-da-te, in cui creo uno strumento condivisibile o mostro loro come usare uno strumento per calcolare la loro lista della spesa.

d) Liste predefinite, in cui ogni piano del cliente viene fornito con la propria lista della spesa per ogni settimana. Potrei prepararla in anticipo in modo che l'abbiano a disposizione e possano usarla nel loro tempo libero.

e) Sistema di compagni di spesa, in cui potrei abbinare tutti i clienti tra loro, il che non richiede molto tempo, e permettergli di fare la spesa insieme.

f) Carrelli della spesa preconfezionati per la consegna, in cui potrei preparare le liste di prodotti per Instacart in anticipo in modo che i clienti possano avere la loro spesa consegnata a domicilio con un solo clic.

Come puoi vedere, l'elenco può continuare all'infinito. Questo è solo per illustrare i molti modi per risolvere un *singolo* problema.

Ora fallo per *tutti* i problemi che i tuoi clienti incontrano prima, durante e dopo la loro esperienza con i tuoi servizi/prodotti. Dovresti avere una lista mostruosa alla fine di questo processo.

Codici Cheatcodes per il service delivery

Cosa? Hai difficoltà a essere creativo? Ti darò subito i cheatcodes, come ho fatto con l'esempio del mattone: "il mattone potrebbe essere d'oro, o di plastica, o avere dei buchi, o essere un Lego, eccetera". Ecco i miei "cheatcodes" per la variazione/miglioramento del prodotto e un'immagine che mostra il processo:

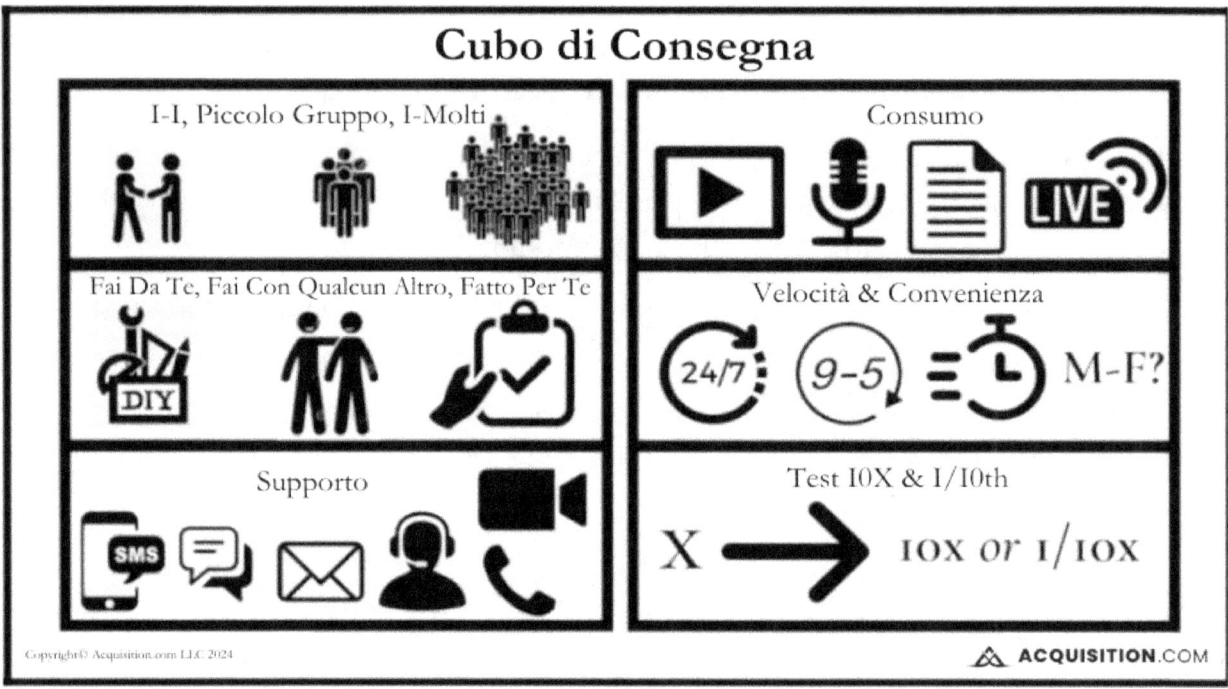

a) <u>Quale livello di attenzione personale voglio fornire?</u> One to One, gruppi ristretti, uno a molti.

b) <u>Quale livello di sforzo ci si aspetta da loro?</u> Fai da te (DIY) - si devono cavare da soli; fai con loro (DWY) - insegni loro come farlo; fatto per loro (DFY) - lo fai tu per loro.

c) <u>Se faccio qualcosa in *diretta*, in quale ambiente o mezzo voglio trasmetterlo?</u> Supporto in presenza, supporto telefonico, supporto via email, supporto tramite messaggi, supporto via Zoom, supporto chat.

d) <u>Se sto facendo una registrazione, come desidero che la consumino?</u> Audio, video o scritto.

e) <u>Quanto rapidamente vogliamo rispondere? In quali giorni? Durante quali ore?</u> 24/7, 9-5, entro 5 minuti, entro un'ora, entro 24 ore?

f) <u>Test del 10x al 1/10th</u>. Se i miei clienti mi pagassero 10 volte il mio prezzo (o $100.000), cosa fornirei loro? Se mi pagassero 1/10 del prezzo e dovessi rendere il mio prodotto più prezioso di quanto già sia, come potrei farlo? Come potrei comunque farli avere successo per 1/10th del prezzo? Allarga la tua mente in entrambe le direzioni e otterrai soluzioni molto diverse.

In altre parole, come potrei effettivamente *fornire* queste soluzioni che affermo di fornire. Fai questo per ogni problema perché le soluzioni di un problema ti daranno idee per altri problemi che altrimenti non avresti considerato.

Ricorda, è importante che tu risolva *ogni* problema. Non posso dirti quante volte un singolo elemento diventa la ragione per cui qualcuno non acquista.

Copyright © 2024 da ACQUISITION.COM LLC NON PER LA DISTRIBUZIONE

Aneddoto: Perché Dobbiamo Risolvere *Ogni* Problema Percepito

Quando vendevo prodotti per la perdita di peso, insistevo sul fatto che le persone preparassero tutti i loro pasti a casa. Trovavo troppo difficile aiutare i clienti a perdere peso quando mangiavano fuori perché sfasciavano sempre le loro diete. Invece di risolvere il problema, insistevo che facessero come dicevo io, o niente affatto. Di conseguenza, persi molte vendite.

Un mese avevo davvero bisogno di fare alcune vendite per pagare l'affitto. Il prossimo cliente che entrò era un dirigente d'azienda che cercava di perdere peso. Mentre facevamo la presentazione di vendita, mi disse che il programma non sarebbe funzionato per lui perché usciva a mangiare ogni giorno. Normalmente, avrei perso questa vendita. Ero fissato nel far sì che le persone *non* mangiassero fuori. Ma avevo davvero *bisogno* di soldi. Rifiutandomi di perdere la vendita a causa di *questa cosa*, cedetti dicendo "Ti farò una guida per mangiare fuori quando vai al ristorante in modo da poter mangiare il nostro cibo il 100% delle volte e comunque raggiungere il tuo obiettivo. Come ti sembra?" Lui acconsentì, e chiusi la vendita.

Ci ho messo del tempo per creare una guida per mangiare fuori per lui. Ma da quel momento in poi, ogni volta che qualcuno diceva "ma come faccio a mangiare fuori?", avevo la soluzione.

Nel tempo, ho continuato a superare gli ostacoli con modelli e formazioni fino a quando non c'erano più "*singoli fattori*" che impedivano le mie vendite. Questa lezione mi è rimasta impressa fino ad oggi. Non complicarti su *come* vuoi risolvere i problemi. Trova semplicemente ogni soluzione per ogni problema che potrebbe presentarti un potenziale cliente. Quando lo fai, costruisci un'offerta così buona che la gente non può rifiutare. Ed è quello che stiamo costruendo qui.

Nota: Devi risolvere ogni problema che un acquirente crede di avere per convertire il maggior numero di persone. Ciò non significa che se non lo fai, non venderai alle persone. Affatto. Ma non *venderai a tante persone quanto potresti altrimenti*. E questo è l'obiettivo, vendere al maggior numero di persone, al prezzo più alto possibile, con il margine più alto possibile.

Copyright © 2024 da ACQUISITION.COM LLC NON PER LA DISTRIBUZIONE

Passaggio #5: Tagliare & Impilare

Ora che abbiamo elencato le nostre potenziali soluzioni, avremo una lista gigantesca. Successivamente, analizzo il costo che queste soluzioni comportano per me (l'azienda). Rimuovo prima quelle che sono ad alto costo e basso valore. Poi rimuovo quelle a basso costo e basso valore.

Se non sei sicuro di cosa sia di alto valore, pensa all'equazione del valore e chiediti quali di queste cose questa persona:

1) Valuterà finanziariamente.

2) Gli farà credere che avrà successo.

3) La farà sentire come se potesse farlo con molto meno sforzo e sacrificio.

4) La aiuterà a raggiungere il suo obiettivo e a vedere il risultato desiderato con molto meno investimento di tempo.

Ciò che rimarrà saranno offerte con 1) basso costo, alto valore e 2) alto costo, alto valore.

Esempio: diciamo che vado a vivere con qualcuno e gli faccio la spesa, lo sport e cucino anche per loro. Probabilmente penserebbero sicuramente di perdere peso. Ma non sarei disposto a farlo per nessuna somma di denaro al di sotto di un miliardo di dollari.

La domanda successiva diventa: c'è una versione di questa esperienza che posso fornire su piccola scala?

Basta fare un passo indietro alla volta fino a quando si arriva a qualcosa che ha un impegno di tempo o un costo che si è disposti a sopportare (o, ovviamente, aumentare drasticamente il prezzo in modo che diventi conveniente per te - ad esempio, il miliardo di dollari per andare a vivere con qualcuno).

Se c'è *una* cosa su cui dovresti concentrarti, è la creazione di soluzioni ad alto valore che puoi proporre a tante persone (da uno a molti). Queste saranno tipicamente quelle con la maggiore discrepanza tra costo e valore. Ad esempio, prima di aprire la mia prima palestra, avevo un'attività di formazione online. Ho creato una piccola applicazione su excel che, dopo aver inserito tutti gli obiettivi di una persona, generava automaticamente più di 100 pasti perfettamente adattati alle loro esigenze di macronutrienti e calorie. Inoltre, in base ai pasti selezionati, indicava loro cosa dovevano acquistare al negozio di alimentari in quantità esatte, *e come* prepararli in grandi quantità. Mi ci sono volute circa 100 ore per creare l'applicazione. Ma da quel momento in poi, ho venduto piani alimentari veramente personalizzati a prezzi molto elevati, mentre mi ci volevano solo circa 15 minuti per realizzarli. Alto valore. Basso costo.

Copyright © 2024 da ACQUISITION.COM LLC NON PER LA DISTRIBUZIONE

Questo tipo di soluzione richiede un alto costo di creazione, ma successivamente uno sforzo infinitamente basso. (Nota a margine - ecco perché i software valgono così tanto).

Ciò non significa che non si voglia mai fare qualcosa in un modello di piccolo gruppo o One to One. Dopotutto, faccio One to One con tutta la mia clientela di CEO che aiutiamo a raggiungere e superare i $30 milioni. Tuttavia, l'obiettivo è di assicurarsi di destinare quelle soluzioni ad alto costo solo a progetti di grande valore. Se pensi di poter ottenere lo stesso valore con un'alternativa a costo inferiore, allora fai quello.

Quando gestivo la mia palestra, ho sviluppato e creato diversi programmi per aumentare la massa muscolare, un sistema di alimentazione fuori casa, una guida per mangiare e fare esercizio fisico in viaggio, piani alimentari per ogni peso corporeo e genere, un calcolatore per la lista della spesa, piani alimentari per superare i plateau (quando ci si blocca), guide per la cottura rapida in collaborazione con servizi di preparazione dei pasti e ho svolto orientamenti nutrizionali di persona con ogni cliente.

Molte delle soluzioni che puoi proporre in grande volume richiedono più lavoro iniziale. Una volta creati, tuttavia, diventano asset preziosi che creano valore in perpetuità. Vale la pena dedicare il tempo per crearli perché creeranno profitti ad alta marginalità per anni a venire.

Fatto reale: i piani alimentari che ho creato per la mia palestra sono stati utilizzati da oltre 4.000 palestre e letteralmente centinaia di migliaia di persone. Sono semplici e facili da seguire. Quindi hanno fornito un grande ritorno sugli investimenti per le due settimane di tempo dedicato che ho impiegato per crearli.

E se hai mai il desiderio di costruire un modello di business ripetibile, qualcosa che scala, questi asset che crei diventeranno la base. Questo libro, ad esempio, è un asset ad alto valore che ha un costo complessivo basso. Certo, mi costa molto all'inizio, ma ogni libro aggiuntivo che vendo dopo il primo mi costa molto poco e fornisce un valore enorme.

Il Product Delivery ad Alto Valore

Riassumiamo prima di configurare il nostro Product delivery finale ad alto valore.

Passaggio #1: abbiamo individuato l'obiettivo dei nostri potenziali clienti.

Passaggio #2: abbiamo elencato tutti gli ostacoli che probabilmente incontreranno sulla strada (le nostre opportunità di valore).

Passaggio #3: abbiamo elencato tutti quegli ostacoli come soluzioni.

Passaggio #4: abbiamo scoperto tutti i diversi modi in cui potremmo fornire quelle soluzioni.

Copyright © 2024 da ACQUISITION.COM LLC NON PER LA DISTRIBUZIONE

Passaggio #5a: ridotto quei modi solo alle cose che erano il massimo valore e il costo più basso per noi. Tutto quello che dobbiamo fare ora è…

Passaggio #5b: mettere insieme tutti i pacchetti nell'ultimo ad alto valore.

Quindi torniamo all'esempio. Vediamo che i nostri potenziali clienti hanno difficoltà con i seguenti problemi:

Nota sul formato

Mostrerò ogni problema-soluzione come:

Problema → Formulazione della soluzione → Nome più attraente per il pacchetto.

Poi, sotto, vedrai il mezzo di consegna effettivo (ciò che faremo effettivamente per loro/fornire)

Acquisto di cibo→ Come acquistare cibo velocemente, facilmente e a basso costo → Sistema di Acquisto di Alimentari Affidabile . . . ciò che ti farà risparmiare centinaia di dollari al mese sulla tua spesa e richiederà meno tempo della tua attuale routine di acquisto ($1.000 di valore per tutti i soldi che risparmierai da questo momento in poi nella tua vita)

    a. Orientamento nutrizionale 1 a 1 in cui spiego come usare. . .

    b. Tour guidato del supermercato registrato

    c. Calcolatore fai da te per la spesa

    d. Ogni piano viene fornito con la propria lista per ogni settimana

    e. Formazione per fare la spesa a prezzi vantaggiosi

    f. Sistema di Compagno per la Spesa

    g. Carrelli della spesa preconfezionati di Instacart per la consegna

    h. E un controllo settimanale tramite SMS.

Cucina→ Pronto in 5 minuti, guida per la cucina per genitori impegnati . . . come chiunque possa mangiare in modo sano anche se non ha tempo ($600 di valore e ti restituiamo 200 ore di tempo ogni anno - ovvero quattro settimane di lavoro!)

    a) Orientamento nutrizionale 1 a 1 in cui spiego come usare . . .

    b) Istruzioni per la preparazione dei pasti

c) Calcolatore fai da te per la preparazione dei pasti

d) Ogni piano viene fornito con le proprie istruzioni per la preparazione dei pasti per ogni settimana

e) Sistema di Partner per la preparazione dei pasti

f) Guida per spuntini sani pronti in meno di 5 minuti

g) Un post settimanale per condividermi il loro feedback.

Mangia → Piano Pasti Personalizzato e Delizioso che ti farà leccare le dita... così buono che sarà più facile seguirlo rispetto a ciò con cui solitamente "sgarri" e costa meno! (valore $500)

a) Orientamento nutrizionale 1 su 1 in cui spiegherò come utilizzare . . .

b) Piano Pasti Personalizzato

c) Guida alla preparazione di uno shake mattutino in 5 minuti

d) Pranzi a basso costo in 5 minuti

e) Cene a basso costo in 5 minuti

f) Pasti per famiglie

g) Una foto giornaliera dei loro pasti

h) Incontro di feedback 1 su 1 per apportare eventuali modifiche al loro piano (e proporre loro ulteriori prodotti)

Esercizio → Allenamenti Brucia Grassi Comprovati Per Bruciare Più Grassi Che Farlo da Soli... adattati alle tue esigenze, in modo da non andare mai troppo veloci, raggiungere un plateau o rischiare di infortunarsi (valore $699).

Viaggi → La Guida Definitiva per Tonificare mentre Viaggi e il Piano Pasti... per avere fantastici allenamenti senza attrezzature, in modo da poterti godere il viaggio senza sentirti in colpa (valore $199)

Come Mantenersi Costanti → Il Sistema di Responsabilità "Non Cadere Mai"... il sistema imbattibile che funziona per te (pure le persone che odiavano andare in palestra, ora non vedono più l'ora di andarci) (valore $1000)

Copyright © 2024 da ACQUISITION.COM LLC NON PER LA DISTRIBUZIONE

Come Essere Sociali → Il Sistema di Alimentazione Fuori Casa " Meglio Vivere Mentre Dimagrisci" che ti darà la libertà di mangiare fuori e vivere la vita senza sentirti "fuori luogo con amici" (valore $349)

Valore totale: $4,351 (!) Il tutto per soli $599.

Nota dell'Autore

La maggior parte dei nostri servizi ora vende questo pacchetto per periodi più lunghi a prezzi compresi tra $2,400 e $5,200. *Impressionante.* Man mano che diventavamo migliori nella creazione e monetizzazione del valore, i prezzi e i profitti delle nostre strutture sono schizzati alle stelle. Una volta che inizi a seguire questo processo di creazione del valore, ogni ulteriore valore che crei si accumula nel tempo. Ecco perché è importante iniziare.

Puoi vedere quanto sia più prezioso di una semplice iscrizione in palestra? Il pacchetto fa tre cose fondamentali:

1) Risolve *tutti* i problemi percepiti (non solo alcuni)

2) Ti dà la convinzione che ciò che stai vendendo è unico nel suo genere (molto importante)

3) Rende impossibile comparare o confondere la tua attività o offerta con della concorrenza.

Uff! Finalmente abbiamo ciò che offriremo in tutto il suo splendore.
Detto questo, è improbabile che lo presentiamo in questo modo. A seconda che vendiamo uno a uno o uno a molti, lo presenteremo in modo diverso. Affronterò come presentare ciascuno di questi elementi dell'offerta nella sezione bonus (prossima sezione).

Riassunto

Abbiamo seguito tutto questo processo per raggiungere un obiettivo: creare un'offerta preziosa che sia diversa ed impossibile da comparare con qualsiasi altra cosa sul mercato. Stiamo vendendo qualcosa di unico. Come tale, non siamo più vincolati dalle normali forze

Copyright © 2024 da ACQUISITION.COM LLC NON PER LA DISTRIBUZIONE

di prezzo della massa. I potenziali clienti prenderanno ora solo una decisione basata sul valore anziché sul prezzo per decidere se acquistare da noi. Evviva!

Ora che abbiamo la nostra offerta principale, la prossima sezione sarà dedicata al *miglioramento*. Utilizzeremo una combinazione di leve psicologiche: bonus, urgenza, scarsità, garanzie e nomi.

Regalo #6: TUTORIAL BONUS: Creazione Offerta Parte II:

Se vuoi seguire con me dal vivo il processo di massimizzazione del profitto tagliando e impilando, vai su **Acquisition.com/training/offers** e seleziona "Creating Offers Part 2". Troverai anche delle checklist che ho creato per rendere questo processo più efficiente per te, in modo da poterle riutilizzare per ogni prodotto che crei. Come sempre, è assolutamente gratuito. Buon divertimento.

 Copyright © 2024 da ACQUISITION.COM LLC NON PER LA DISTRIBUZIONE

SEZIONE IV

Migliora La Tua Offerta

Scarsità, Urgenza, Bonus, Garanzie e Nominazione

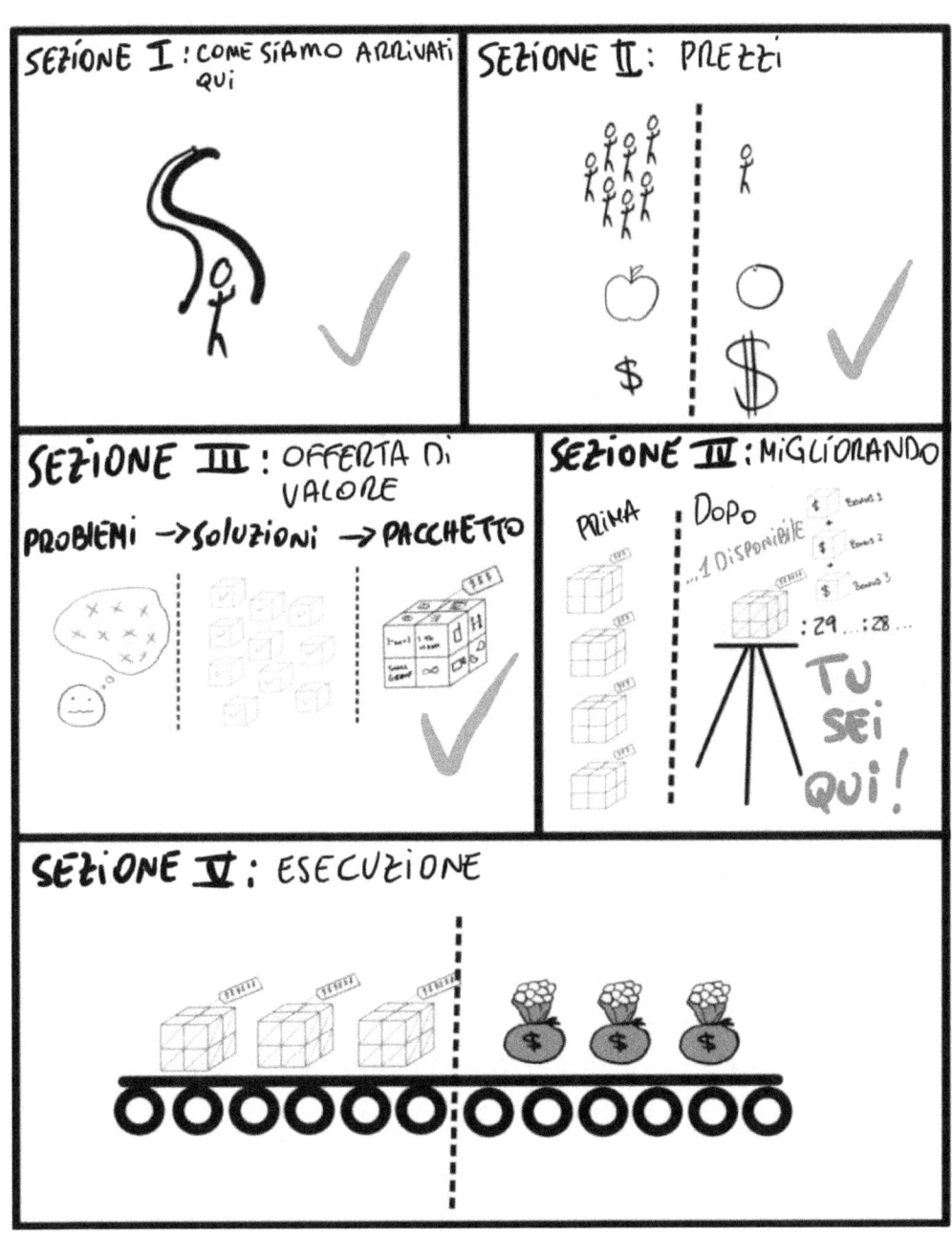

Copyright © 2024 da ACQUISITION.COM LLC NON PER LA DISTRIBUZIONE

Migliorare l'Offerta: Scarsità, Urgenza, Bonus, Garanzie e Nomi

"Ma aspetta... c'è di più, se ordini oggi..."

- Ogni Televendita negli anni '90

Maggio 2019. Casa di Arnold Scwarzenegger. Raccolta fondi After School All Stars. La fila di auto fuori dalla casa di Arnold si allungava per tutto il quartiere... e noi ne facevamo parte. Eravamo seduti nel nostro Uber quando una guardia del corpo con un auricolare, un vestito nero e occhiali da sole neri ha bussato al finestrino del conducente. Sembrava uscito da un film.

Il conducente ha abbassato il finestrino. "Nome?"

"Alex e Leila Hormozi."

Ha controllato la lista sulla sua clip board, ha annuito, poi ha segnato i nostri nomi. "Fantastico", ha detto. Il suo atteggiamento è cambiato da severo ad invitante. "Benvenuti alla raccolta fondi. Restate in questa fila. Farete una svolta a sinistra, poi la sicurezza vi accompagnerà fino in fondo".

La guardia del corpo ha parlato nel suo walkie talkie al prossimo posto di controllo, segnalando che la nostra auto era stata approvata.

Accostare all'ingresso dell'immobile era come entrare in un film di James Bond. Lamborghini, Bugatti, Ferrari e marche di automobili troppo costose da menzionare. Vecchi signori con giovani ragazze seminude. Attori di A-list. Celebrità con milioni di follower che si registravano mentre arrivavano, parlando attraverso i loro iPhone al loro pubblico. E noi.

Il costo del biglietto per partecipare alla raccolta fondi era di 25.000 dollari, con una lista di soli 100 invitati. C'era persino un tappeto rosso. Ogni anno, la raccolta fondi culminava in un'asta per oggetti da collezione e oggetti che alcuni dei proprietari di attività presenti nel pubblico avevano donato per beneficenza.

Camminavamo in giro guardando le postazioni di intrattenimento appositamente studiate per mettere i donatori in uno "spirito di donazione". Abbiamo visto scotch da 10.000 dollari . . . sigari da 500 dollari . . . articoli in anteprima di grandi marchi che non sarebbero stati disponibili al pubblico fino a mesi dopo. E, naturalmente, la cucina più

 Copyright © 2024 da ACQUISITION.COM LLC NON PER LA DISTRIBUZIONE

costosa che potessi immaginare. Leila ed io stavamo solo assorbendo tutto ciò. È stata una meravigliosa serata. Ci sentivamo davvero come bambini alla moda.

Ben, il CEO della fondazione, ci ha visto spaesati e si è avvicinato. Mi ha preso per il braccio per presentarmi ad alcuni degli altri donatori. Erano tutti uomini più grandi di me e donavano 100.000 dollari o più senza pensarci due volte.

L'uomo che mi ha presentato era uno dei maggiori donatori della fondazione. Aveva costruito un'azienda di gioielleria e orologi ultra-lussuosa. Parlo di simboli di status rari da 100.000, 500.000, 2.000.000+ dollari che le persone comprano solo per far sapere agli altri appartenenti all'1% che sono parte di quella cerchia. Aveva donato oltre 700.000 dollari di merce come premi per la raccolta fondi di quella sera.

"Alex e Leila, incontrate George", disse Ben. "È stato molto generoso con il suo tempo e il suo denaro per questa causa. George, questi sono Alex e Leila Hormozi. Stanno donando 1.000.000 di dollari stasera ad ASAS. Ho pensato che siete entrambi brave persone e volevo farvi conoscere".

"Piacere di conoscervi", disse George con occhi calmi e rugosi. Aveva oltre sessant'anni, era alto e robusto. Si poteva sentire il suo accento orientale.Sembra un uomo che abbia combattuto duramente per essere qui, ma abbia ammorbidito il suo comportamento per eventi come questi. Ma la tigre con denti e artigli rimane sotto la superficie, pronta ad essere chiamata in qualsiasi momento. Mi sentivo come se capissi questo tipo.

Ben ha rotto il ghiaccio. "Allora... George è stato quello che mi ha fatto alzare il prezzo da $15.000 per biglietto a $25.000. Quest'anno c'è stata più richiesta che mai. Ma ho preso il suo consiglio. Ho ridotto il numero di biglietti venduti e alzato i prezzi".

"Esatto," disse George, contento che il suo sagace consiglio commerciale fosse stato seguito. "Quando la domanda aumenta, riduci l'offerta". Si è animato leggermente mentre parlavamo di soldi.

Quest'uomo aveva costruito la sua attività dal nulla e aveva trovato modi per vendere cose a profitti straordinari capendo la psicologia umana. Avevo già appreso della domanda e dell'offerta, ma questo tipo stava usando le sue basi psicologiche per alimentare una raccolta fondi. Si può togliere la tigre dalla giungla, ma non si può togliere la giungla dalla tigre.

Le persone vogliono ciò che non possono avere. Le persone vogliono ciò che gli altri vogliono. Le persone vogliono cose a cui solo pochi eletti hanno accesso. Aveva perfettamente ragione. Avevano raccolto un milione di dollari quella sera prima ancora che l'evento iniziasse, tagliando l'offerta di biglietti e alzando i prezzi. Inoltre, tutte le persone erano più qualificate che mai per essere grandi donatori. La serata si è rivelata la più importante nella storia dell'associazione, raccogliendo quasi $5.400.000 da soli 100 persone (ovvero $54.000 a testa!). Ogni articolo è stato messo all'asta come pezzo unico. E se lo perdevi, non avresti più avuto la possibilità di acquistarlo. Arnold ha persino inserito dei bonus quando due persone facevano a gara al montante più alto dell'asta, permettendo alla beneficenza di ottenere entrambe le donazioni.

È stata una maestosa dimostrazione di psicologia umana in azione in un ambiente in cui le persone sapevano di pagare troppo per dei prodotti. *I prodotti sono rimasti invariati,* in un determinato contesto, l'oggetto è rimasto invariato, tuttavia, mentre in un altro contesto non si sarebbe venduto per $10.000, qui si sarebbe venduto per $100.000. Ecco quanto sono potenti la scarsità, l'urgenza e i bonus. E lo scopo di questa sezione è scomporre come utilizzarli per aumentare ulteriormente la domanda per la tua offerta, senza cambiare l'offerta stessa.

Nota dell'autore - Altri poteri persuasivi in gioco

Scarsità, urgenza, bonus e garanzie non erano gli *unici* strumenti persuasivi utilizzati per ottenere prezzi eccessivi alla raccolta fondi. Sono stati utilizzati anche impegno e coerenza, status, pressione dei pari, buona volontà, sponsorizzazioni di celebrità, concorrenza, ecc. Tuttavia, scarsità, urgenza e bonus sono gli unici tre che analizzerò in questo libro poiché ritengo che appartengano più all "offerta" che alla vera e propria "vendita", di cui parlerò approfonditamente in Acquisition: Volume IV Vendite da $100M.

 Copyright © 2024 da ACQUISITION.COM LLC NON PER LA DISTRIBUZIONE

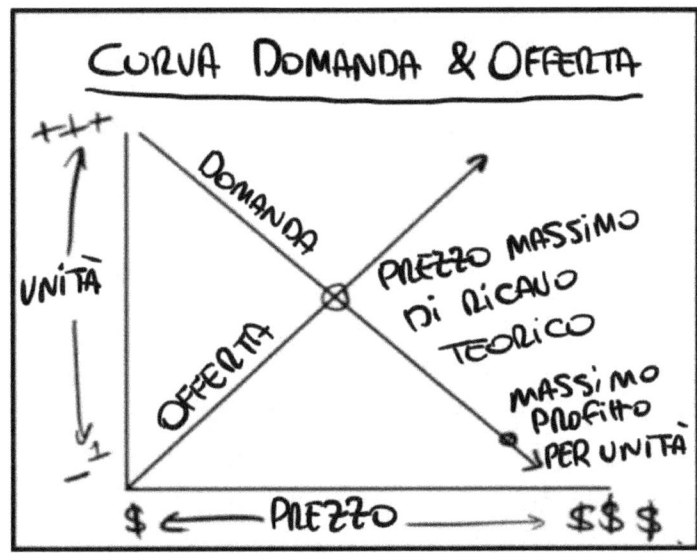

Fondamentalmente, tutto il marketing esiste per influenzare la curva dell'offerta e della domanda. Aumentiamo artificialmente la domanda dei nostri prodotti e servizi attraverso qualche tipo di comunicazione persuasiva. Quando aumentiamo la domanda, possiamo vendere più unità. Quando diminuiamo l'offerta, possiamo vendere quelle unità per più soldi. La "combinazione di profitto perfetta" è molta domanda e molto poco offerta, o offerta *percepita*. Il processo di miglioramento della tua offerta di base è progettato per fare entrambe queste cose: aumentare la domanda e diminuire l'offerta *percepita* in modo che tu possa vendere gli stessi prodotti per *più* soldi di quanto potresti altrimenti vendere, e in volumi *maggiori* (su un orizzonte temporale più lungo).

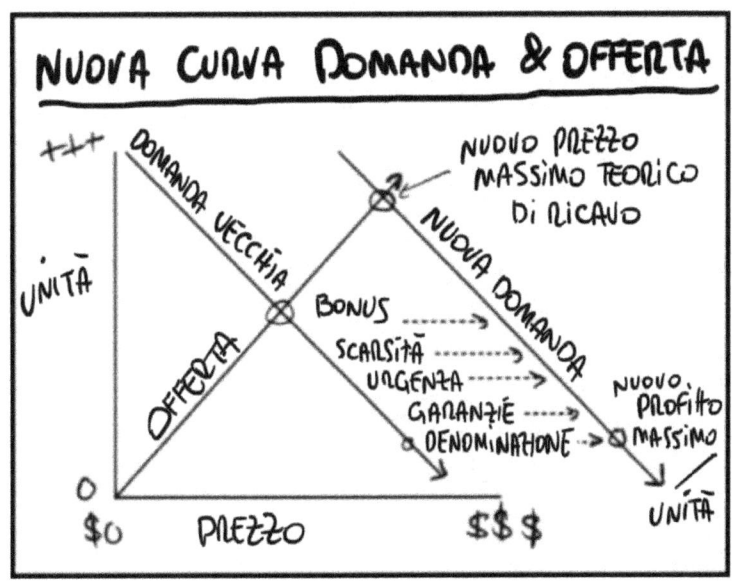

Nota d'Autore:
Questo presuppone una normale azienda che non sta cercando di penetrare il mercato su larga scala per altre finalità strategiche.

Il desiderio nasce dal *non* ottenere ciò che si vuole. Infatti, ho sentito una citazione che amo di Naval Ravikant: "Il desiderio è un contratto che si fa con se stessi cosicché da essere infelice fino a quando non ottieni ciò che vuoi". Da sto fatto, segue quindi che vogliamo solo le cose che non abbiamo. Appena le abbiamo, il nostro desiderio scompare. Pertanto, se cerchiamo di aumentare la domanda (o il desiderio), dobbiamo ridurre o *ritardare* la soddisfazione dei desideri dei nostri potenziali clienti. Dobbiamo vendere *meno* unità di quelle che potremmo altrimenti vendere. Fai che questa cosa resti con te per un secondo.

Considera questo esempio. Promuoviamo un workshop di due giorni che sta per arrivare. Prima sussurriamo che sta per arrivare. Poi lo suggeriamo con alcuni dei suoi benefici. Poi gridiamo che verrà lanciato in una settimana. Poi, quando lanciamo questo incredibile workshop, abbiamo due scenari di domanda-offerta:

Scenario uno: Vendiamo 10 unità a $500 ciascuna (vendiamo l'intera piramide al prezzo a cui tutti dicono sì)

Scenario due: Vendiamo due workshop di un giorno 1 su 1 a $5000 ciascuno. (prendiamo la punta della piramide, con l'80 percento che non acquista)

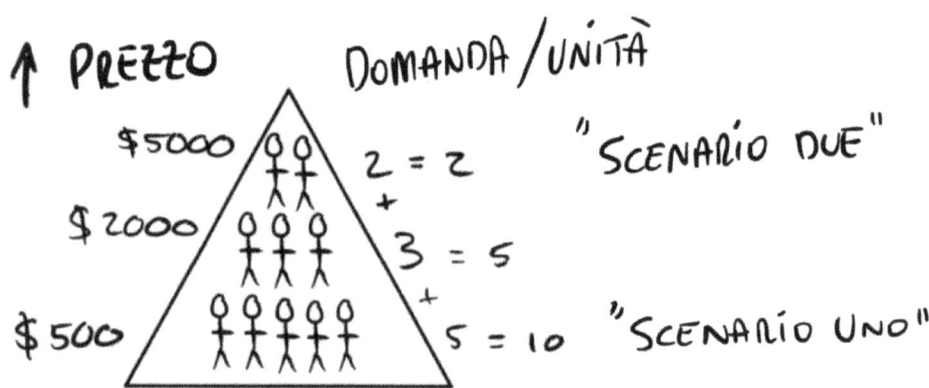

Vale la pena notare che ciascuno di questi potenziali clienti ha una soglia d'acquisto diversa. Nella mia esperienza, la domanda di servizi non è lineare, ma frattale (80/20). In altre parole, un quinto dei potenziali clienti è disposto a pagare cinque volte il prezzo (o più).

Copyright © 2024 da ACQUISITION.COM LLC NON PER LA DISTRIBUZIONE

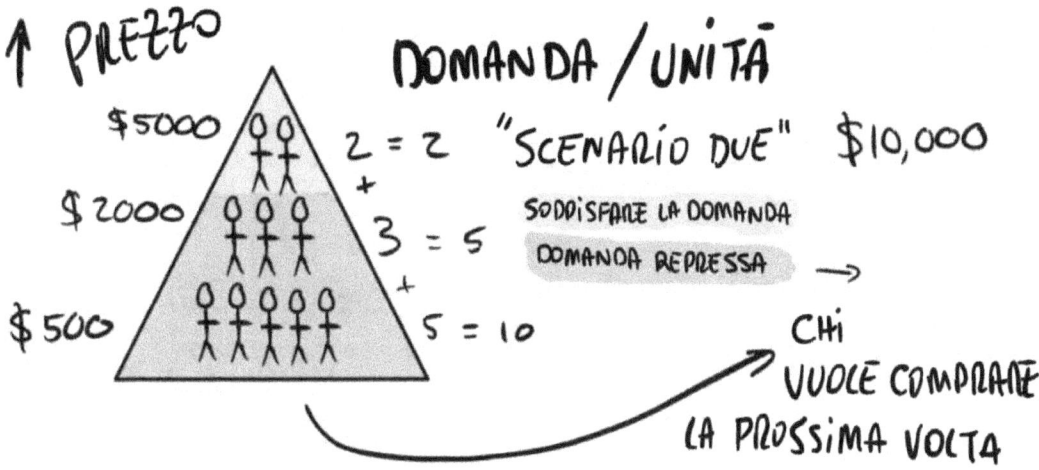

Nell'esempio, potrei avere dieci persone disposte a pagare $500, ma due di loro sarebbero disposte a pagare $5000. Pertanto, guadagnerei di più, avrei costi più bassi (più profitti), fornirei maggior valore e aumenterei la domanda nel restante gruppo di potenziali clienti rimanenti vendendo *meno* unità. Pensa a quanto lo scenario uno sarebbe esclusivo rispetto allo scenario due. Pensa a tutte le persone che vorrebbero acquistare ma non sarebbero in grado di farlo. Aumenterebbe o diminuirebbe il loro desiderio? Aumenterebbe, ovviamente.

Inoltre, se le persone vedono che gli altri che 'sono riusciti a entrare' ne sono entusiasti, aumenterebbe ulteriormente il loro desiderio. E la prossima volta, agirebbero con maggiore urgenza e sarebbero disposti a pagare di più per la stessa cosa rispetto a quanto avessero fatto inizialmente. Quindi ora, dopo il nostro secondo scenario, abbiamo ancora otto persone che hanno un desiderio insoddisfatto. Ciò aumenta ulteriormente il loro desiderio. E per di più, abbiamo ora nuovi potenziali clienti che non erano nel gruppo originale e che ora vogliono ciò che abbiamo.

La prossima volta che promuoviamo lo scenario due, apriremo tre posti allo stesso prezzo e li venderemo tutti (lasciando comunque alcuni potenziali acquirenti con domanda repressa!). Questo è un tema continuo.

Copyright © 2024 da ACQUISITION.COM LLC NON PER LA DISTRIBUZIONE

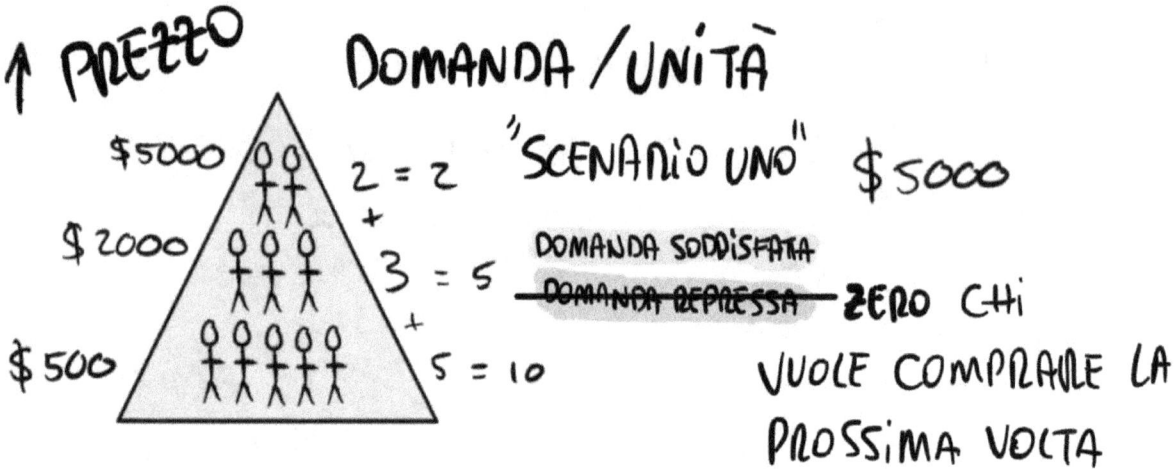

Facendo il contrario, se promuovessimo di nuovo lo scenario uno (il punto di prezzo di $500), probabilmente venderemmo meno posti la seconda volta. Perché? Non c'è domanda repressa. Tutti i desideri sono stati soddisfatti. Quando "si preme il grilletto troppo presto", ogni volta che promuoviamo, vendiamo sempre meno. Alla fine, non abbiamo abbastanza domanda per fare nemmeno una singola vendita. Questo è lo stato triste in cui molte aziende si trovano, *cercando sempre di generare più domanda* per fare un'altra vendita veloce.

<u>Legge di Hormozi</u>: più ritardiamo la domanda, e più potremmo richiedere su questa domanda. "Più lunga la pista di decollo, più grande l'aereo che può decollare".

Dobbiamo cercare di mantenere la nostra offerta (e la soddisfazione del desiderio) al di sotto della domanda che siamo in grado di generare. Questo massimizza i profitti e mantiene il desiderio insaziabile nella nostra base di clienti. Questa è la vera chiave per il successo.

Riassunto

Ho intitolato questa sottosezione "La Delicata Danza del Desiderio" perché l'offerta e la domanda sono correlate in modo inverso (in teoria). Se soddisfiamo zero desideri (forniamo zero offerta), non faremo soldi ed *eventualmente* lasceremo le persone con la sensazione di essere state respinte (Nota: ci vuole molto più tempo di quanto si pensi).

D'altra parte, se soddisfiamo tutta la domanda, uccideremo la nostra gallina dalle uova d'oro e non sapremo da dove verrà il nostro prossimo pasto. Padronanza dell'offerta e della domanda viene dalla danza elegante tra le due. Se dormi con il tuo partner ogni giorno, avrai meno desiderio rispetto a se lo fai solo una volta a settimana. Vogliamo il potenziale cliente vorace, non solo quello interessato.

 Copyright © 2024 da ACQUISITION.COM LLC NON PER LA DISTRIBUZIONE

Pertanto, capire l'interazione tra queste variabili è fondamentale per migliorare la tua offerta e la quantità di profitti che otterrai _nel tempo_. Fino a questo punto, abbiamo coperto tutte le cose _all'interno_ della tua offerta che possono renderla immune al confronto dei prezzi e trasformare i servizi e i prodotti regolari in cose per cui le persone _troveranno un modo per pagare_. Seguirebbe che la prossima variabile che può rendere la tua offerta più desiderabile è come viene presentata. In altre parole, le variabili _esterne_ che posizionano il prodotto nella mente del tuo potenziale cliente. Queste forze sono spesso più potenti della tua offerta principale. In questa prossima sezione "Migliorare la tua offerta", ti mostrerò come io:

1) Utilizzo la _scarsità_ per diminuire l'offerta ed aumentare i prezzi (e indirettamente aumentare la domanda attraverso la scarsità percepita)

2) Utilizzo _l'urgenza_ per aumentare la domanda diminuendo la soglia d'azione di un potenziale cliente.

3) Utilizzo i bonus per aumentare la domanda (e aumentare _l'esclusività percepita_).

4) Utilizzo le _garanzie_ per aumentare la domanda abbassando il rischio percepito.

5) Utilizzo i _nomi_ per stimolare nuovamente la domanda e aumentare la consapevolezza della mia offerta nel mio pubblico target.

Definirò ognuna, poi ti darò esempi su come utilizzarle. Utilizzeremo tutte queste variabili per migliorare la nostra offerta e spostare la curva della domanda a nostro favore, lasciando i nostri clienti sempre alla ricerca di più. Inizieremo stimolando tatticamente la "paura di perdere l'occasione" noto anche come _FOMO_ attraverso la _scarsità_.

Copyright © 2024 da ACQUISITION.COM LLC NON PER LA DISTRIBUZIONE

Migliorare L'Offerta: Scarsità

"Esaurito."

La scarsità è una delle forze più potenti e meno comprese per guadagnare in potere di prezzo. Se vuoi imparare come vendere dell'aria per milioni di dollari, allora presta attenzione.

Il motivo per cui un'autorità (come un medico), una celebrità (come Oprah), o una celebre autorità (come il Dottor Oz o il Dottor Phil) possono addebitare tariffe esorbitanti è a causa della domanda implicita. Le persone pensano che loro abbiano molta domanda per il loro tempo e, quindi non abbiano molta disponibilità. In conclusione, il loro tempo è sicuramente molto caro.

Detto questo, è molto difficile per la maggior parte delle aziende, comprendere com'è avere realmente una curva di offerta e domanda non uniforme finché non l'hai sperimentata. Cercherò di guidarti attraverso quello che ho provato la prima volta che l'ho sperimentato, per fartene assaporare il potere.

Quando sono entrato in questo mondo dell'acquisizione, ho visto i miei mentori vendere giorni del loro tempo per oltre $50.000. Lo trovano incredibile per due ragioni. In primo luogo, perché non capivo come potessero guadagnare così tanti soldi per un singolo giorno. In secondo luogo, perché non capivo chi, sano di mente, potesse comprare. Nel tempo, ho imparato.

Comincerò con il compratore. Se ho un problema raro e devo risolverlo così da trovare la felicità, questo consumerà tutta la mia attenzione. Siccome il mio problema è specifico, ci saranno pochissime persone in grado di risolverlo. Ciò significa che non c'è un'ampia offerta di persone capaci di risolvermi questi problemi. Spesso, troverò una sola persona capace di veramente aiutarmi (Offerta = 1).

 Copyright © 2024 da ACQUISITION.COM LLC NON PER LA DISTRIBUZIONE

Caso studio sul Valore della Vita Reale

Ci sono molte persone che possono risolvere il problema: *come faccio a guadagnare $10.000 al mese?*

Ma molte meno persone che possono risolvere il problema: *come posso aggiungere $5M di profitto senza dover aggiungere nessun nuovo prodotto nella mia attività? (Questo è stato un progetto reale che mi ha richiesto 60 minuti e che ha portato esattamente $5M di profitto netto modificando leggermente il modello di prezzo dell'azienda).* Potresti dire che il proprietario dell'attività era... "molto felice" del risultato della collaborazione.

Oltre a questo, se risolvere questo problema accelera il raggiungimento del mio obiettivo di uno o due anni, o se mi fa guadagnare immediatamente centinaia di migliaia di dollari, o milioni di dollari, quella soluzione diventa molto più preziosa, vero? Certo che sì. E quindi, se posso pagare qualcuno $50.000 per un giorno del loro tempo e vedere un aumento di $500.000 al mese nel fatturato entro tre mesi grazie alle idee e alle strategie rivelate, sarebbe un ritorno sull'investimento incredibile, giusto?

Quindi ci sono due componenti del valore: in primo luogo, quanto sono rare le fonti; in secondo luogo, il valore effettivo che viene fornito. Il valore e la rarità si combinano per creare dei profitti veramente sbalorditivi.

I consulenti specializzati vengono pagati milioni di dollari per risolvere problemi del valore di decine di milioni per i clienti. Il cliente paga per tutta l'esperienza e la competenza dell'esperto e si evita il costo degli errori (tempo e denaro). In breve, saltano le cose brutte e passano subito alle cose belle più rapidamente e per meno soldi di quanto costerebbe scoprirle da soli... un bellissimo scambio economico.

Ho sperimentato personalmente questo per la prima volta quando due persone diverse mi hanno offerto $50.000 per un giorno del mio tempo dopo una mia presentazione ad un evento. Stavano scalando un'attività educativa in una nicchia (non troppo dissimile dalla mia) e non riuscivano a superare il milione di dollari al mese. Come qualcuno che stava guadagnando un milione di dollari alla *settimana* nello stesso tipo di attività (al momento), ero un tipo *molto* specifico di persona con le chiavi del loro problema.

E quindi, chiederete voi? *Rullo di tamburi...* Non ho accettato le loro offerte. Perché? Perché stavo guadagnando più di $50.000 al giorno di profitto dalla mia attività e non volevo distrazioni.

Copyright © 2024 da ACQUISITION.COM LLC NON PER LA DISTRIBUZIONE **111**

Nota dell'Autore:

Sono passati anni prima che io abbia creato Acquisition.com per aiutare proprio queste persone. Ma invece di addebitare una tariffa giornaliera, divento semplicemente un detentore di equità nella società per allineare completamente gli interessi a breve e lungo termine (per portare fino al massimo il mio coinvolgimento e supporto). E poiché il mio tempo è limitato dalle leggi della fisica, per tutti gli altri al di sotto del fatturato annuo di $3M-$10M, metto tutte queste risorse a disposizione gratuitamente :)

Dopo che l'evento è terminato e stavo parlando con Leila, ho capito come ero diventato "uno di quei personaggi che avevo sempre ammirato". È stata un'esperienza molto surreale per me. Ho finalmente capito come i prezzi premium vengono veramente *determinati*... semplice domanda e offerta. C'è poco che sostituisce un'offerta incredibile. Puoi provare a fingere, ma si percepisce nell'aria "non me ne frega" quando realmente non hai ne voglia ne bisogno del denaro di una persona che è difficile da fingere.

Ecco perché questi ragazzi possono chiedere così tanto... perché non ne hanno bisogno. Chi ha meno bisogno dello scambio ha sempre il vantaggio. Cerco sempre di tenerlo a mente. È uno dei principi di negoziazione e di prezzo che mi ha servito meglio nella mia vita.

"Ma Alex, come mi mostrerai come usare la scarsità per aumentare il numero di persone che vogliono la mia offerta quando attualmente nessuno la vuole?" Ottima domanda. Affrontiamo alcune strategie reali e concrete per creare *affidabilmente* la scarsità.

Creare Scarsità

Quando c'è un'offerta limitata di prodotti o servizi disponibili per l'acquisto, si crea "scarsità" o "paura di perdere l'occasione". Ciò aumenta la necessità di agire e, per estensione, acquistare l'offerta. Qui è dove condividi pubblicamente che stai dando solo X quantità di prodotti o che puoi accettare solo Y nuovi clienti.

Per esempio, se un musicista lancia una felpa in edizione limitata e dice che ne ha prodotte solo 100 e non saranno mai più prodotte, sei più o meno propenso ad acquistarla rispetto a una che è sempre disponibile? Naturalmente, sei più propenso a farlo. L'idea che non potrai *mai* più averla la rende più desiderabile.

Questo è un esempio di scarsità. È la paura di perdere qualcosa. Tira la nostra paura psicologica della perdita per farci agire. Gli esseri umani sono motivati molto di più a cercare di prendere una risorsa rara piuttosto che prendere su qualcosa che potrebbe *aiutarli*. *La paura della perdita* è più forte del *desiderio di guadagno*. Usiamo questa leva psicologica per far comprare ai tuoi clienti in modo frenetico, tutti insieme, fino ad *esaurimento scorte*.

Tre Tipi di Scarsità

1) Offerta limitata di posti/slot: in generale o per un periodo di tempo X.

2) Offerta limitata di bonus.

3) Mai più disponibile.

Ma come si utilizza questa tecnica correttamente senza sembrare falso? Cercherò di darti alcuni esempi reali

Prodotti fisici

Avere lanci limitati è un metodo collaudato per utilizzare a tuo vantaggio questo bias psicologico. Puoi avere lanci limitati per gusti, colori, design, taglie, ecc. "Questo mese, stiamo lanciando 100 scatole di barrette proteiche al gusto menta cioccolato". Punto importante: per utilizzare correttamente questo metodo dovresti *sempre* esaurire le scorte.

Ecco perché: è meglio esaurire costantemente le scorte che fare un ordine troppo grande e fallire nel creare quella scarsità. Questo metodo diventa più efficace se ripetuto nel tempo (ma non troppo spesso). Una volta al mese sembra essere il punto ideale per la maggior parte delle aziende che conosco che fanno questo con regolarità.

Seconda nota importante: quando si utilizza questa tattica, è necessario anche far sapere a tutti che è esaurito. Questo è parte di ciò che lo rende così efficace. In questo modo, anche le persone indecise, quando vedono che è esaurito, ricevono una prova sociale che *altre* persone hanno ritenuto che ne valesse la pena. E ora che la scelta è stata fatta per loro, lo desiderano di più perché non c'è modo di ottenerlo. Quindi la prossima volta che farai l'offerta, saranno molto più propensi a comprarla.

Curiosità: Chanel, un marchio che ha mantenuto margini e prezzi folli per oltre un secolo, è un maestro della scarsità. Inviano solo 1-2 pezzi di ciascun articolo a ogni negozio in modo che ogni negozio abbia una selezione diversa e ogni articolo sia l'ultimo o il penultimo in magazzino. Ciò consente loro di creare prezzi molto al di sopra del mercato e creare acquisti impulsivi.

Copyright © 2024 da ACQUISITION.COM LLC NON PER LA DISTRIBUZIONE **113**

<u>Servizi</u>

Con i servizi, specialmente se vuoi ottenere clienti in modo costante, può essere un po' più complicato utilizzare la scarsità. Ma ti mostrerò alcuni modi semplici per utilizzare la scarsità in modo etico per aumentare il numero di persone che accettano il tuo servizio. Tutti questi hanno elementi simili con modifiche molto leggere. Sto elencando queste opzioni perché una di queste potrebbe essere più adatta al tuo modello di business.

1) **Capacità totale di clienti - Accettiamo solo....X clienti**. Accettiamo solo X clienti a questo livello di servizio (continuo). Questo pone un limite al numero di clienti che gestisci ma li mantiene anche in esclusiva. Crei una lista d'attesa per i nuovi clienti potenziali. Nel momento in cui si apre un posto, salgono a bordo immediatamente e la resistenza al prezzo scompare. Periodicamente, puoi aumentare la capacità del 10-20%, per poi limitarla di nuovo. Questo funziona bene per i tuoi livelli di servizio più elevati.

   a) È come dire "La mia agenzia si occuperà solo di un massimo di venticinque clienti. Punto." Nel tempo, puoi aumentare i prezzi e lasciare fuori i clienti meno performanti per portare a bordo nuovi clienti più redditizi, oppure puoi periodicamente "aprire posti" quando la tua capacità lo consente (tenendo conto di mai soddisfare tutta la domanda).

2) **Tasso di crescita massimo - Accettiamo solo X clienti _alla settimana_ (continuo)** "Accettiamo solo 5 nuovi clienti a settimana e abbiamo già occupato i primi 3 posti. Questa settimana ho altri 6 appuntamenti telefonici, quindi puoi prendere il posto ora o uno dei miei prossimi interlocutori lo farà e dovrai aspettare che riapriamo." Utilizzo questo metodo sin dall'inizio della mia attività. Ho sempre saputo qual era la mia capacità settimanale e ho semplicemente deciso di far sapere ai nostri potenziali clienti quante disponibilità ci fossero. Si basa sul fatto che puoi gestire solo un certo numero di nuovi clienti su base regolare, quindi è meglio farlo sapere.

3) **Capacità totale di gruppi - Accettiamo solo...X clienti _per classe o gruppo._** Simile al precedente, ma a seconda del tuo desiderio. Accettiamo solo un certo numero di clienti per classe o gruppo in un determinato periodo. Immagina di iniziare a lavorare con nuovi clienti mensilmente o trimestralmente. Ciò ti aiuta ad avere una certa cadenza nella tua operatività aziendale, consentendo anche al tuo team commerciale di avere una legittima scarsità. Esempio: "Prendiamo 100 clienti 4 volte all'anno. Apriamo le porte e poi le chiudiamo." Etc.

 Copyright © 2024 da ACQUISITION.COM LLC NON PER LA DISTRIBUZIONE

> ## Suggerimento Professionale: Fornisci un Accesso Limitato Per Servizi ad Alto Costo
>
> Queste tattiche di scarsità funzionano particolarmente bene per i servizi di alto costo. Se vuoi creare workshop, formazioni, eventi, seminari, consulenze, ecc., che per loro natura richiedono tempo e forniscono un maggiore accesso, accoppiarli con una chiara scarsità o quantità fissa di posti o di opportunità farà aumentare rapidamente la domanda. Ma ricorda sempre di avere *meno posti disponibili di quelli che pensi di poter vendere . . .* in modo che quando vorrai farlo di nuovo in futuro, tutti ricorderanno che *hai venduto tutto. . .* velocemente. Questa è una strategia che si aumenta in efficacia con il tempo. È una delle rare strategie della pubblicità.

Permettimi di fornirti un esempio pratico di come la scarsità possa aumentare il valore percepito di un'offerta gratuita. Se ti dicessi ora che ho una checklist che puoi scaricare gratuitamente e che contiene tutte le risorse di questo libro in formato elenco puntato, *potresti* essere incline a posare il libro e andare a scaricarlo subito.

Ma se ti dicessi che ho impostato il sito in modo tale che ogni settimana solo venti nuove persone possano scaricarlo, saresti *molto più propenso* a vedere se puoi scaricartelo. E ancora di più se, quando lo provi, scopri che è già esaurito per la settimana. Risultato? Ti iscrivi ad una lista che ti avvisa la prossima volta che saranno disponibili altre venti checklist da scaricare. Cosa succede dopo? Quando ricevi quella notifica, clicchi sul link dal tuo telefono e vai alla pagina perché non vuoi perdere l'occasione di nuovo.

Utilizzando la scarsità, trasformiamo quello che sarebbe altrimenti un "bel download gratuito" in una cosa desiderabile a cui non tutti hanno accesso. Inoltre, per estensione, sarai molto più propenso a consumarlo quando avrai messo le mani su di esso . . . tutto grazie a come abbiamo controllato l'offerta. Fantastico, vero?

Scarsità Onesta (La Scarsità Più Etica)

La strategia di scarsità più semplice è l'onestà. Aspetta, cosa? Fammi spiegare.

Sono sicuro che al momento non riusciresti a gestire 1.000 clienti domani, vero? Ma quanti ne potresti gestire? 5? 10? 25? Beh, potresti definire un numero che sei disposto ad accettare in un determinato periodo di tempo e poi pubblicarlo. Semplicemente far sapere alle persone che sei al 75% della capacità questa settimana, spingerà le persone a comprare da te. Oppure far sapere alle persone che sei all'81% della capacità totale della tua attività, renderà le persone più propense a iscriversi con te "prima che perdano l'occasione". La scarsità implica anche la prova sociale. Se sei all'81% della capacità, allora un buon numero di persone ha preso la decisione di lavorare con te, e più ti avvicini alla tua capienza massima, più velocemente i posti scompariranno. Ma solo tu puoi stabilire dove si trova quella capienza massimale. Interessante, vero?

Riassunto

Utilizza uno o più metodi di scarsità nella tua attività. Otterrai una decisione di acquisto più veloce da parte dei tuoi potenziali clienti, e a prezzi più elevati. Basta far loro sapere i tuoi limiti e lasciare che la psicologia faccia il resto.

Ora che abbiamo coperto alcune delle mie tattiche di scarsità preferite che puoi utilizzare tutto l'anno, cosa potresti fare per aumentare la domanda *senza* cambiare nulla dell'offerta? Aumentare l'urgenza. Ne parleremo prossimamente

---

Suggerimento Professionale - Scarsità Estrema

Se non hai problemi a guadagnare denaro, vendi un'offerta ad accesso individuale *molto* limitata. Puoi farlo tramite uno dei mezzi descritti in "Delivery Cube". Accesso ai messaggi diretti. Accesso via email. Accesso telefonico. Accesso tramite messaggi vocali. Accesso tramite Zoom. Ci sono molti modi per farlo. Ma ti prometto una cosa: se vuoi guadagnare subito molti soldi, crea un servizio *molto* esclusivo basato sull'accesso a te (sì, non scalabile), che limiti a un numero *esiguo*. Fissa un prezzo *molto* alto. Poi, comunicalo alle persone. Guadagnerai più soldi di quanto pensavi fosse possibile. Questi tendono anche ad essere alcuni dei migliori clienti. E limita la consegna a qualcosa che non ti dispiace fare. Per me, odio le e-mail e i messaggi ma non mi dispiacciono le chiamate su Zoom. Fai in modo che funzioni con il tuo stile di lavoro. La crema della crema (i migliori dei migliori si adatteranno a te ed agiranno di conseguenza).

 Copyright © 2024 da ACQUISITION.COM LLC NON PER LA DISTRIBUZIONE

Suggerimento Professionale - Una Volta che ti sei Lanciato, non Potrai Più Tornare Indietro

Puoi creare scarsità anche limitando il tuo livello di servizio *e* dicendo che se se ne vanno, non potranno mai tornare. Questo tipo di scarsità fa pensare le persone molto attentamente prima di partire. Ho iniziato a farlo con le mie palestre fin dall'inizio. Poi ero in un mastermind che lo ha utilizzato. Poi ho iniziato a usarlo nel mio livello più alto di Gym Lords. Questo funziona meglio con piccoli gruppi (come nell'esempio sopra). Quando i gruppi diventano molto più grandi, la tattica perde un po' di efficacia (parlando per esperienza).

Copyright © 2024 da ACQUISITION.COM LLC NON PER LA DISTRIBUZIONE

Migliorare L'Offerta: Urgenza

"Scadenze. Impulsi. Decisioni."

-Me

Urgenza (entro la data x)

↳ **Si riferisce al tempo**   **5... 4... 3... 2... 1... Fatto!**

La scarsità è una funzione della *quantità*. L'urgenza è una funzione del *tempo*.

Qui si limita *solamente* il periodo *dove* le persone possono iscriversi, piuttosto che *quanti* possono farlo. Avere una scadenza definita o un termine per un acqusto o un'azione da compiere, crea urgenza. Spesso, scarsità e urgenza vengono utilizzate insieme, ma le separerò per illustrare i concetti.

Ti mostrerò i miei quattro modi preferiti di utilizzare l'urgenza in modo coerente ed etico: 1) Gruppi in rotazione, 2) Urgenze stagionali in rotazione, 3) Urgenze promozionali o di prezzo, 4) Opportunità esplosive. Questi utilizzeranno l'urgenza nel tuo business senza risultare fasulli. Il mio modo preferito di farlo è far iniziare i gruppi di clienti su una base regolare. Ciò ha anche il vantaggio operativo di aiutarti a creare un'esperienza di accoglienza coreografata per i nuovi clienti. Man mano che cresci, questo diventerà sempre più importante.

1) Gruppi in Rotazione

Ad esempio, se inizi a lavorare con i clienti ogni settimana (anche in quantità illimitata), puoi dire: *"Se ti registri oggi, posso inserirti nel nostro prossimo gruppo che inizia lunedì, altrimenti dovrai aspettare fino alla prossima data di avvio."*

Se volessi dargli un po' di sprint in più, potresti dire: *"In realtà, ho avuto un cliente che si è registrato qualche settimana fa, ma poi ha rinunciato, quindi ho un posto disponibile per la nostra prossima nel gruppo che inizia lunedì. Se sei abbastanza sicuro di volerlo fare prima o poi, tanto vale farlo ora in modo da poter cominciare a raccogliere i frutti prima piuttosto che pagare lo stesso prezzo e aspettare."* Le due modifiche sopra menzionate hanno chiuso così tante vendite, semplicemente ricordando a un potenziale cliente che se si iscrive, inizierà il lunedì e se non lo fa, dovrà

Copyright © 2024 da ACQUISITION.COM LLC NON PER LA DISTRIBUZIONE

aspettare una settimana. Sono piccole cose come queste che spingono le persone ad agire come sanno di dover fare comunque.

Ovviamente, meno spesso si accolgono nuovi clienti, più potente diventa questo effetto. Ad esempio, se si accolgono clienti solo due volte all'anno, le persone saranno molto inclini ad iscriversi, specialmente quando si avvicina la data. Anche acquisire nuovi clienti a settimane alterne può conferire questa spinta di urgenza.

E se perdo delle vendite rifiutando dei clienti?

Come le garanzie, c'è sempre la paura di guadagnare meno adottando questa strategia. Abbiamo paura di perdere vendite che altrimenti avremmo realizzato. Ogni marketer esperto del pianeta ti dirà che è una paura infondata. Le vendite più grandi in una campagna o lancio della durata di una settimana avvengono nelle ultime 4 ore dell'ultimo giorno (fino al 50-60%). Ciò significa che gli ultimi 3% del tempo assegnato creano il 50-60% delle vendite...è completamente illogico, ma anche inequivocabilmente *umano*. Quindi, proprio come una garanzia, guadagnerai più soldi dalle molte persone che hanno deciso di agire piuttosto che da quelle che effettivamente hanno perso l'occasione perché in realtà, quelle persone non avrebbero mai comprato (cavolo, non hanno comprato nemmeno quando avevano il fuoco sotto i piedi, quindi perché lo farebbero senza?) è bene ricordarlo.

Cosa fare se hai appena avviato un gruppo e qualcuno vuole comprare...

Hai due opzioni: 1) puoi offrirgli un onboarding personalizzato e veloce per farli diventare operativi come "bonus" per essersi iscritti oggi e ancora farli entrare. Oppure, la mia preferenza, 2) puoi spiegargli che poiché il prossimo gruppo inizia tra poco, avranno il vantaggio di avere più tempo per rivedere i materiali, parlare con i loro dipendenti (per i prodotti b2b) o familiari (per i prodotti b2c). Inoltre, possono avere un piano di pagamento più esteso che puoi mettere a loro disposizione solo perché la data di inizio è così lontana. . . un vantaggio che la maggior parte dei clienti non ha. Alla fine, ricorda, hai sempre il vantaggio perché sei tu a dettare le regole.

Copyright © 2024 da ACQUISITION.COM LLC NON PER LA DISTRIBUZIONE

2) Urgenze Stagionali in Rotazione

In un contesto digitale, avere dei conti alla rovescia che indicano le date di lancio sono molto utili. Ma assicurati che siano veri. Se non lo sono, perderai credibilità e *sembrerai solo* un altro *aspirante marketer*. Questo è molto comune nelle attività commerciali su internet che utilizzano modelli di "lancio". Personalmente adoro avere le date in cui sto promuovendo qualcosa sulle mie pagine di destinazione e nelle mie pubblicità. Voglio che sia visibile ovunque. La cosa bella è che puoi sempre avviare un'altra campagna pubblicitaria e una nuova pagina di destinazione con nuove date. Vedrai le tue conversioni decollare, e ci vogliono forse cinque minuti di modifica - un investimento di tempo decisamente valido.

Esempio*:* la nostra promozione di Capodanno finisce il 30 gennaio!

Il mese prossimo: la nostra promozione per San Valentino termina il 30 febbraio!

Il prossimo mese*:* la nostra offerta "Sexy entro la primavera" termina il 31marzo!

Il prossimo mese*:* la nostra promozione "Pesce d'Aprile" di aprile termina il 30 aprile!

La promozione effettiva potrebbe essere la stessa, ma dargli un nome diverso "per stagione" ti dà un "reale" elemento differenziatore che ti offre un inizio e una fine. Le scadenze guidano le decisioni. Semplicemente avendole, puoi indicarle e permettere alle persone di spingersi oltre il limite per non perdere l'opportunità.

Suggerimento Professionale - Attività Locali: Questa è la mia strategia numero uno per le attività locali. Devono variare la loro strategia di marketing più frequentemente rispetto alle aziende internazionali. Applicare un nuovo marketing grafica con una data sullo stesso servizio di base, vi darà un sentimento d'urgenza e novità che venderà di più delle "solite" in perpetue.

---

3) Urgenze Promozionali o di Prezzo

Questo è un altro modo per creare urgenza utilizzando la vostra offerta o la struttura dei prezzi come qualcosa che il cliente potrebbe perdere (un po' geniale!). Permette alle aziende che vendono ai clienti tutto l'anno di utilizzare comunque l'urgenza. Ad esempio, *"Sì, facciamolo partire oggi in modo che tu possa approfittare dello sconto per cui sei venuto. Non sono sicuro per quanto tempo lo terremo in funzione, poiché li cambiamo ogni 4 settimane circa, e questo è uno dei migliori che abbiamo fatto da un po' di tempo a questa parte."*

Copyright © 2024 da ACQUISITION.COM LLC NON PER LA DISTRIBUZIONE

Ciò crea un certo timore di perdere la promozione (o lo sconto o il bonus), anziché il servizio effettivo. Sarebbe una bugia dire che se possedete un'impresa di coperture non darete loro servizio se comprano dopo la data. Ma, se parli specificamente della promozione, spesso puoi suscitare la stessa urgenza di acquisto nel potenziale cliente mantenendo la tua integrità - un successo per tutti. Si possono alternare una promozione dei prezzi, uno sconto o bonus aggiuntivi come installazione gratuita o onboarding gratuito o un workshop extra (valutato a $1.000) se comprano ora. Questi sono tutti elementi che puoi scambiare intorno alla tua offerta principale per creare urgenza.

> **Suggerimento Professionale - Pulisci la tua pipeline ad ogni cambiamento di prezzo**: Se hai intenzione di alzare veramente i prezzi (speriamo presto se stai leggendo questo libro!), puoi sempre svuotare la tua pipeline facendo sapere alle persone "Il prezzo sta per aumentare! Quindi entra ora!" Non aumentare mai i tuoi prezzi senza informare le persone. Mostra una posizione di forza *e* ti darà un bel piccolo afflusso di denaro dalle persone nella pipeline che esitavano fino a quel momento.

4) Opportunità Esplosive

Occasionalmente, si esporrà il potenziale cliente a un'opportunità di arbitraggio. L'opportunità stessa ha un orologio che ticchetta, come tutte le grandi opportunità. Ogni secondo di ritardo significa perdere l'occasione di guadagni sproporzionati.

Esempio: se spiegassi un'opportunità di arbitraggio tra l'acquisto di prodotti su eBay e la loro vendita su Amazon, questa inefficienza di mercato si correggerebbe nel tempo. Più velocemente agisce qualcuno, meglio è per lui. Questo potrebbe essere vero anche per convincere qualcuno sull'opportunità di fare trading con criptovalute, acquistare azioni o entrare in una nuova piattaforma pubblicitaria prima che i concorrenti si uniscano al trend. Ambienti lavorativi altamente competitivi spesso offrono "offerte esplosive": ogni giorno che aspettano per accettare il lavoro, la loro paga o bonus diminuiscono. Ciò costringe i potenziali clienti a prendere decisioni rapide anziché cercare di "aspettare" per vedere se otterranno un'offerta migliore.

Tutti questi esempi mostrano opportunità che decadono nel tempo, quindi se ti trovi di fronte a un'opportunità del genere, assicurati di enfatizzarla!

Riassunto

Aggiungere una scadenza e incorporare una o più forme di urgenza spingerà più persone ad agire rispetto a quanto farebbero altrimenti. Ho usato tutti e quattro questi metodi con grande efficacia. Ti suggerisco di fare lo stesso. Prossimo punto...Bonus!

Regalo n.7: Tutorial Bonus: Come Utilizzare Eticamente Scarsità ed Urgenza

Se vuoi esaminare con me alcuni esempi dal vivo (eticamente corretti) di scarsità ed urgenza, vai su **Acquisition.com/training/offers** e seleziona **"Scarsità ed Urgenza"** per guardare un breve video tutorial. Sarai in grado anche di scaricare gratuitamente la mia **Checklist, Scarsità ed Urgenza** che utilizzo quando creo le offerte. Come sempre, è assolutamente gratis. Goditelo.

 Copyright © 2024 da ACQUISITION.COM LLC NON PER LA DISTRIBUZIONE

Miglioramento Dell'Offerta: Bonus

"Va tutto bene tesoro"

- Gioca su un vecchio detto Inglese.

Devo ringraziare specialmente Jason Fladlien per avermi rinnovato l'apprezzamento per i bonus. Sono così potenti che hanno meritato un intero capitolo. In questo capitolo, tratterò: cosa offrire, come sceglierli, come valutarli, come presentarli e come determinarne il prezzo.

Il punto principale che voglio che tu capisca è che un'offerta *singola è meno preziosa della stessa offerta scomposta nelle sue parti componenti e impilate come bonus* (vedi immagine). L'intera offerta che abbiamo creato alla fine dell'ultima sezione. Questa sezione riguarda come presentare questi pezzi e in quale ordine. Ad esempio, potrei effettivamente fare molte cose nel mio servizio, ma finché non le elenco, rimangono sconosciute. Questo è il motivo per cui ogni infomercial di tutti i tempi continua con "ma aspetta... c'è altro!"

Non userebbero queste tecniche se non fossero efficaci, poiché ogni secondo di tempo in onda costa denaro e deve essere giustificato con un il ritorno sull'investimento (ROI). Noterai anche che, se guardi quegli vecchi infomercial, vendevano un coltello per $ 38,95, poi includevano altri 37 coltelli, affilatori, padelle e garanzie per battere il potenziale acquirente in sottomissione. Stabiliscono il prezzo, poi lo ampliano fino a quando *non senti che è un'affare così buono che sarebbe stupido lasciarlo passare.*

Il motivo per cui questo funziona è che aumentiamo la discrepanza tra il prezzo e il valore del potenziale acquirente aumentando il valore fornito invece di tagliare il prezzo. Ancoriamo il prezzo che diciamo loro all'offerta principale. Quindi, con ogni bonus sempre

Copyright © 2024 da ACQUISITION.COM LLC NON PER LA DISTRIBUZIONE

più prezioso, quella discrepanza diventa sempre più ampia fino a diventare troppo grande da sopportare e tiriamo la fascia elastica nella loro mente che tiene il loro portafoglio in tasca.

Ora presenteremo quella "pila" di prodotti che abbiamo assemblato in precedenza in modo da renderli irresistibili.

Suggerimento Professionale: Aggiungi Bonus invece di Sconti ogni volta che è possibile nelle Offerte Principali

Ogni volta che si cerca di chiudere un affare, non si deve mai scontare l'offerta principale. Ciò insegna ai tuoi clienti che i tuoi prezzi sono negoziabili (il che è terribile). Aggiungere bonus per aumentare il valore al fine di concludere l'affare è di gran lunga superiore al taglio dei prezzi. Ti mette in una posizione di forza e di buona volontà invece di debolezza.

Presentazione dei Bonus 1-on-1 vs in Gruppo

Ci sono importanti differenze chiave tra presentare un'offerta a un gruppo o a una singola persona. La vendita di gruppo esula dallo scopo di questo libro, ma vorrei almeno affrontare quando un bonus addizionale viene menzionato in un'interazione di vendita 1-1. Quando si vende uno a uno, si chiede prima la vendita e poi si offre il bonus. Se la persona dice sì, allora dopo che ha sottoscritto l'offerta, gli si comunica quali bonus *aggiuntivi* riceverà. Questo crea un'*esperienza di sorpresa* e rafforza la loro decisione di acquistare.

D'altra parte, se la persona *non* acquista dopo la prima richiesta, allora si presenta un bonus che risponde alla loro presunta obiezione, e poi si fa nuovamente la richiesta. Non sentirti a disagio nel chiedere di nuovo. Devi solo essere d'accordo con il potenziale cliente, aggiungere il bonus, e chiedere se questa compensazione è "abbastanza equa". Le persone hanno difficoltà a rifiutare la reciprocità, quindi aggiungendo un bonus per accontentarle, poi un altro, e un altro ancora, la gente si sentirà quasi obbligata ad acquistare da te.

Se ricordi dal nostro capitolo "Taglia e impila", ciascuno di questi elementi viene ora usato in modo strategico e presentato al momento perfetto. Noi forniremo tutti questi bonus in ogni caso, però dandogli uno alla volta aumenteremo la percezione del valore della nostra offerta stratificando questi bonus..

Da Ricordarsi sui Bonus

Detto ciò, ci sono alcune cose chiave da ricordare quando si offrono bonus:

1) Offrirli sempre (puoi usare il pacchetto elencato alla fine della Sezione III)

2) Dai loro un nome speciale che abbia un beneficio nel titolo

3) Spiegali:

    a) Come si relaziona al loro problema

    b) Cos'è

    c) Come l'hai scoperto o cosa hai dovuto fare per crearlo

    d) Come migliorerà specificamente le loro vite o renderà migliore la loro esperienza

        i) Più veloce, più facile o meno fatica/sacrificio (equazione di valore)

4) Fornisci una qualche prova (può essere una statistica, un cliente del passato o esperienza personale) per dimostrare che questa cosa è preziosa.

5) Dipingi un'immagine mentale vivida di come sarà la loro vita *assumendo* che l'abbiano già utilizzato e stiano sperimentando i benefici.

6) Assegna sempre loro un prezzo e giustificalo.

7) Gli strumenti e le checklist sono migliori rispetto ad ulteriori formazioni (poiché lo sforzo e il tempo sono inferiori con i primi, quindi il valore è maggiore. L'equazione del valore domina ancora).

8) Ciascuno dovrebbe affrontare una specifica preoccupazione / ostacolo nella mente dei potenziali clienti su perché non possono o non riescano ad avere successo (inoltre, il bonus dovrebbe dimostrare che la loro convinzione è errata).

9) Questo può essere anche ciò che logicamente si renderanno conto di aver bisogno in seguito. Si vuole risolvere il loro problema successivo prima ancora che lo incontrino.

10) Il valore dei bonus dovrebbe superare il valore dell'offerta principale. Psicologicamente, continuando ad aggiungere offerte, si amplia la discrepanza tra prezzo e valore. Inoltre, comunica subconsciamente che l'offerta principale deve essere preziosa perché se questi sono i bonus, la cosa principale deve essere più preziosa dei bonus, giusto? (No, ma si può usare questo bias psicologico per rendere la propria offerta estremamente allettante).

Copyright © 2024 da ACQUISITION.COM LLC NON PER LA DISTRIBUZIONE

11) Si può ulteriormente aumentare il valore dei bonus aggiungendo loro scarsità e urgenza (che prende questa tecnica e la potenzia al massimo).

   a) **Bonus con Scarsità**

      <u>Versione 1</u>: Solo le persone che si iscrivono al programma XYZ avranno accesso al mio Bonus #1, 2, 3 che non sono mai in vendita o disponibili altrove se non attraverso questo programma.

      <u>Versione 2</u>: Ho solo 3 biglietti rimasti per il mio evento virtuale da $5.000, se acquisti questo programma puoi ottenere uno dei 3 biglietti rimanenti come bonus.

   b) **Bonus con Urgenza**

      <u>Versione 1</u>: Se acquisti oggi, aggiungerò il bonus XYZ che normalmente costa $1.000, gratuitamente. E lo farò perché voglio premiare chi agisce.

   c) Con speranza, puoi notare le differenze sottili. I primi due esempi non sono vincolati dal tempo. Dichiarano che se acquisti il programma otterrai cose che normalmente non potresti avere. Il bonus con urgenza riguarda l'acquisto di oggi e, se non lo fanno, perderanno quei bonus. Una differenza minore, ma degna di nota.

12) Puoi anche rendere la garanzia stessa un bonus. Ad esempio: "Voglio eliminare qualsiasi timore tu possa avere riguardo alla decisione di oggi. Quindi, se decidi di procedere *oggi*, ti offrirò anche una garanzia di rimborso di 30 giorni, che normalmente non propongo."

Livello Avanzato dei Bonus - Prodotti e Servizi di Altre Persone

Puoi convincere altre aziende a fornirti gratuitamente i loro servizi e prodotti come parte dei tuoi bonus in cambio di esposizione gratuita ai tuoi clienti. Questo rappresenta per loro un marketing gratuito e per te prodotti ad alto valore senza alcun costo. Le aziende accetteranno perché offrirai loro esposizione gratuita ai migliori prospect di qualità, i tuoi clienti. Finché non sono concorrenti diretti, puoi ottenere alcuni punti bonus, assicurarti alcuni punti in più e rendere la tua offerta più preziosa allo stesso tempo. Se riesci a garantire molte di queste relazioni, puoi giustificare letteralmente l'intero prezzo con i risparmi e i bonus aggiuntivi corrispondono effettivamente al loro valore.

Ad esempio - se avessi una clinica del dolore, potrei ottenere che un massaggiatore mi conceda 1-2 massaggi gratuiti da incorporare nella mia offerta. Inoltre, potrei ottenere:

...un chiropratico che mi conceda due sedute gratuite (valore: $100)

 Copyright © 2024 da ACQUISITION.COM LLC NON PER LA DISTRIBUZIONE

...un'azienda alimentare a bassa infiammazione che mi conceda sconti sui loro prodotti ($50 di risparmio)

...sconti per le apparecchiature ortodontiche ($150 di risparmio)

...un club di fitness locale che mi conceda una sessione di allenamento personale gratuita e un mese gratuito di iscrizione alla loro piscina ($100 di valore)

...sconti sui farmaci dal farmacista locale ($100 al mese di risparmio)

...ripetere quanto sopra per diversi fornitori di servizi (ad esempio, potrei ottenere che dieci chiropratici mi concedano tutti una seduta gratuita, così avrei dieci sedute gratuite nel mio pacchetto).

...E così via.

Ora, se la mia offerta fosse di $400, il valore di questi bonus gratuiti da solo vale più di $400.

E se questo non fosse già abbastanza fantastico, se vuoi diventare un jedi, puoi negoziare uno sconto di gruppo *e* una commissione per te stesso. È esattamente ciò che abbiamo fatto con la nostra azienda di integratori. I nostri clienti proprietari di palestra che utilizzano la nostra azienda controllata di integratori, Prestige Labs, per sponsorizzare atleti, ottengono uno sconto del 30% sui nostri prodotti. Inoltre, l'atleta sponsorizzato riceve il 40% di tutte le vendite nette dopo lo sconto applicato.

Quindi è un vantaggio per tutti. I loro clienti lo ottengono con uno sconto del 30% rispetto al nostro sito principale. Vengono pagati per fornire sconti esclusivi. E noi otteniamo clienti in cambio della commissione pagata. Tutti vincono.

Se stai seguendo, ogni bonus può diventare indirettamente un flusso di entrate per te, facendo sì che i clienti dicano più facilmente SÌ e direttamente perché puoi negoziare affinché ciascuna di queste aziende ti paghi per le persone che indirizzi verso di loro.

Quindi diciamo anche che abbiamo negoziato le seguenti "commissioni di affiliazione" per presentare questi business.

...il chiropratico ti dà $100 per ogni persona che entra nel loro studio

...l'azienda alimentare ti dà cibo gratuito (yum!)

...l'azienda di apparecchiature ortopediche ti dà $100 per ogni persona che invii

...Il health club ti offre una tessera gratuita OPPURE $50 per ogni persona che si iscrive

...la farmacia ti dà $100 per ogni persona

Ora vediamo quanto denaro abbiamo guadagnato... la nostra offerta da $400 ora ha la possibilità di farci guadagnare ulteriori $350... *puro profitto*! Questa è la bellezza di queste relazioni. Le altre aziende ti pagheranno e tu *non dovrai fare altro* che indirizzare loro i clienti che hai già acquisito a pagamento.

E se vuoi *davvero* esagerare, puoi creare un'offerta eccezionale con queste aziende partner utilizzando gli stessi concetti del libro in modo che ogni bonus stesso diventi ancora più prezioso rispetto a un semplice servizio standardizzato.

Regalo n. 8:
BONUS...sui...BONUS

Ci sono un milione di modi per utilizzare i bonus nelle tue offerte. Puoi far agire le persone più velocemente. Puoi ancorare il prezzo e il prodotto (poco conosciuto). Puoi convincere più persone a dire di sì di quanto farebbero altrimenti. Se vuoi fare una sessione approfondita con me su questo argomento, vai su **Acquisition.com/training/offers** e seleziona **"Creazione di bonus"** per guardare un breve tutorial video. Ho anche una **Checklist Gratuita dei Bonus** che uso quando creo le offerte. Prendila per la tua attività, è gratuita! Puoi anche scannerizzare il QR Code se non ti piace digitare.

Riassunto

Vogliamo utilizzare i bonus perché ampliano la discrepanza tra prezzo e valore e spingono all'acquisto persone che altrimenti non lo farebbero. Aumentano notevolmente la percezione del valore della nostra offerta da parte dei potenziali acquirenti. Ecco cosa fare:

1) Creare checklists, strumenti, file swipe, script, modelli e tutto ciò che richiederebbe molto tempo ed energia per essere creato da soli, ma è facile da usare una volta creato. Tutto ciò che puoi fare è investire in qualcosa che richieda chiaramente tempo o denaro per essere creato, ma che può essere regalato infinite volte, è perfetto come bonus.

2) Inoltre, crea l'abitudine di registrare ogni workshop, ogni webinar, ogni evento, ogni intervista e utilizzali come bonus aggiuntivi.

3) Negozia proattivamente sconti di gruppo e una commissione di riferimento con imprese adiacenti che risolvono le esigenze che il tuo cliente avrà a seguito dell'inizio di questo percorso con te. Qual è la prossima cosa che potrebbero volere? Vai da quelle attività, ottieni un accordo per loro che non potrebbero mai ottenere da soli (perché stai negoziando con il potere di acquisto di tutti i tuoi clienti in una volta sola, molto potente).

Nota dell'Autore: Più a lungo sei in affari, più di questi asset bonus avrai a disposizione. Tutte queste cose sono preziose. Mettile in una cassaforte e tienile in tasca per utilizzarle in un'offerta al fine di chiudere l'affare. I prodotti informativi funzionano molto bene qui perché hanno un alto valore percepito, un costo ridotto e zero sforzo operativo oltre a fornire un accesso aggiuntivo. Anche i biglietti per esperienze o eventi virtuali funzionano. Lo stesso vale per un livello di servizio superiore che ha un costo fisso, come offrire a qualcuno un servizio VIP per un mese (che funziona anche come un modo per promuovere questo livello di servizio per mantenerli su di esso...per maggiori dettagli si veda il Libro II).

Cosa dovrebbe essere un bonus rispetto all'offerta principale se sono io a fornirlo?

Breve risposta: fattore sorpresa - in altre parole - qualcosa che non vorresti far mancare a nessuno. Molte volte, hai così tante "cose" da fornire ai tuoi clienti (cosa positiva) che i piccoli tesori preziosi possono essere persi nella confusione. Vuoi prendere quelli più distintivi che potrebbero quasi stare da soli e metterli in evidenza. Questo è particolarmente vero per le cose che sono piccole ma di alta qualità o valore. Le check-lists o le infografiche possono condensare molte informazioni in uno spazio ridotto. Qualcuno potrebbe non sentirsi giustificato a pagare molti soldi per un piano di lancio del prodotto (ad esempio), ma aggiunto come bonus sarebbe percepito come molto prezioso.

Copyright © 2024 da ACQUISITION.COM LLC NON PER LA DISTRIBUZIONE

Prossimo Passo...

Abbiamo la nostra offerta principale. La presentiamo in modo da aumentare la scarsità e l'urgenza per aumentare la probabilità che la vogliano ancora di più. Abbiamo accumulato i bonus della nostra offerta per rendere la discrepanza tra prezzo e valore fuori dal mondo e far impazzire le menti dei nostri potenziali clienti. Il prossimo passo nel nostro viaggio magico sarà affrontare l'elefante nella stanza...il rischio. Lo elimineremo completamente utilizzando una combinazione di garanzie in modo che non abbiano alcun motivo per non acquistare.

 Copyright © 2024 da ACQUISITION.COM LLC NON PER LA DISTRIBUZIONE

Miglioramento Dell'Offerta: Garanzie

"Ti piacerà come il tuo look... te lo garantisco."

- Annuncio di Men's Wearhouse.

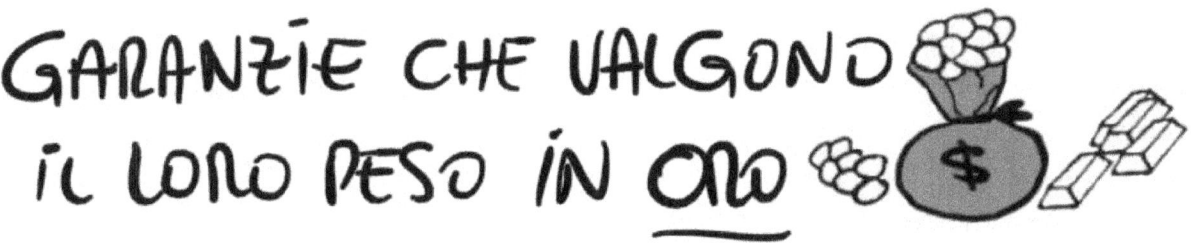

L' obiezione più grande per qualsiasi prodotto o servizio in vendita è...rullo di tamburi...il rischio. Il rischio che non ricevano ciò che desiderano. Pertanto, trovate il metodo per rendere qualsiasi offerta più attraente. Dovrai dedicare una quantità sproporzionata di tempo a capire come vuoi invertirlo. Detto questo, quanto può rendere più attraente una garanzia per un offerta?

Jason Fladlien, a cui ho fatto riferimento in precedenza, ha dichiarato di aver visto un tasso di conversione 2-4 volte superiore su un'offerta semplicemente cambiando la qualità della garanzia. Ciò fa capire la sua importanza.

Da un punto di vista generale, ci sono quattro tipi di garanzie: 1)Incondizionata 2) Condizionata 3) Anti-garanzia 4) Garanzie implicite. Devi *sempre* sottolineare la tua garanzia, anche se non ne hai una. Dillo con decisione e spiega il motivo.

Ma le persone approfitteranno di una garanzia così vantaggiosa?

A volte sì, ma di solito no. Detto ciò, devi capire la matematica. Se riesci a chiudere il 130% in più di persone, e la percentuale di rimborso *raddoppia* dal 5% al 10%, avrai comunque guadagnato 1,23 volte il denaro, ovvero il 23% in più, e tutto ciò va a vantaggio del bilancio.

Esempio: 100 vendite, 5 rimborsi (5%) = 95 vendite nette

Offerta con garanzia: 130 vendite, 13 rimborsi (10%) = 117 vendite nette

Copyright © 2024 da ACQUISITION.COM LLC NON PER LA DISTRIBUZIONE

117/95 = 1,23x (aumento del 23%)

Non essere emotivo, fai solo i calcoli. Perché una garanzia *non* valga la pena, l'aumento delle vendite dovrebbe essere compensato al 100% dalle persone che fanno il reso. Quindi, un aumento assoluto delle vendite del 5% dovrebbe essere compensato da un aumento assoluto dei resi del 5% (ma potrebbe essere un raddoppio dei resi, il che è improbabile). Quindi, per la maggior parte, più forte è la garanzia, maggiore è l'aumento *netto* degli acquisti totali, anche se il tasso di reso aumenta di conseguenza.

<u>Attenzione</u>: sebbene le garanzie possano essere efficaci come strumenti di vendita, le persone che acquistano *a causa* delle garanzie possono diventare clienti molto fastidiosi. Una persona che acquista solo a causa di una garanzia potrebbe non essere disposta a mettere il lavoro necessario per ottenere successo con il tuo prodotto o servizio. In un mondo in cui si desidera invertire il rischio *e* ottenere il miglior risultato per i clienti possibile, legare la tua garanzia alle cose che devono fare per avere successo può aiutare tutte le parti coinvolte.

Suggerimento Professionale: Avviso realtivo ai servizi ad alto costo

Se hai un'enorme quantità di costi associati al tuo prodotto o servizio, probabilmente vorrai utilizzare una garanzia condizionale o un anti-garanzia, poiché dovrai sopportare il costo del rimborso E il costo dell'esecuzione.

Tipi di Garanzie

"SE NON RIESCI A RAGGIUNGERE X IN Y FAREMO...

Ciò che rende una garanzia efficace è una dichiarazione condizionale: se non ottieni il risultato X nel periodo di tempo Y, faremo Z.

Per rendere una garanzia *efficace*, devi decidere cosa fare se il cliente *non* ottiene il risultato. Senza la parte "sennò", la garanzia sembra debole e diluita.

Nota: questo è ciò che fanno la maggior parte dei marketer.

Esempio sbagliato: ti garantiamo 20 clienti.

 Copyright © 2024 da ACQUISITION.COM LLC NON PER LA DISTRIBUZIONE

Esempio migliore: otterrai 20 clienti nei tuoi primi 30 giorni, altrimenti ti restituiremo i tuoi soldi + i soldi spesi per la pubblicità con noi. Questa è una garanzia semplice, ma forte.

Ecco i quattro tipi di garanzia. Li esaminerò in teoria e poi li applicheremo.

1) Garanzie incondizionate

Come ho detto in precedenza, ci sono garanzie incondizionate, condizionali e "anti-garanzie". Le garanzie incondizionate sono le più forti. Sono fondamentalmente una prova in cui il cliente paga prima e poi decide se gli piace o meno. Questo attirerà un numero MAGGIORE di acquirenti, ma avrai anche persone che chiederanno il rimborso, soprattutto perché la cultura del consumismo continua a spostarsi verso la pretesa e l'assenza di responsabilità.

2) Garanzie condizionali

Le garanzie condizionali includono "termini e condizioni" alla garanzia. Su queste puoi essere MOLTO creativo. In generale, vuoi che siano garanzie "migliori del rimborso". Poiché se qualcuno sta investendo, vuoi che il loro investimento corrisponda psicologicamente ad un impegno percepito uguale o superiore. Queste garanzie possono anche avere un effetto *molto* potente nel far ottenere risultati ai clienti. Se conosci le azioni chiave che qualcuno deve intraprendere per avere successo, falle diventare parte della garanzia condizionale. In un mondo ideale, il 100% dei tuoi clienti potrebbe qualificarsi per una garanzia condizionale, ma avrebbero ottenuto il risultato desiderato e quindi non la richiederanno. Questo è un ideale cui tutti possiamo aspirare. E solo per tua informazione - se le persone hanno scelta tra ottenere un rimborso o ottenere il risultato promesso, la grande maggioranza sceglierà il risultato.

3) Anti-garanzie

Le anti-garanzie sono quando si dichiara esplicitamente "tutte le vendite sono definitive". Dovrai possedere questa posizione. Devi trovare una "ragione creativa" per cui le vendite sono definitive. In genere, dovrai mostrare una grande esposizione o vulnerabilità da parte tua che un consumatore potrebbe capire immediatamente e pensare "Sì, ha senso". Questi tipi di garanzie sono particolarmente importanti per gli articoli consumabili o che diminuiscono drasticamente di valore una volta offerti.

4) Garanzie implicite

Le garanzie implicite sono qualsiasi offerta che si basa sulle performance. Questo può assumere molte forme diverse. Revenue share, profit share, trigger, ratchet, bonus monetari, ecc. sono tutti esempi. Il concetto finale è sempre lo stesso, se non lavoro bene, non vengo pagato. Unico in questa struttura particolare, conferisce anche il vantaggio "Se faccio un ottimo lavoro, sarò molto ben compensato". Questi funzionano solo in situazioni

Copyright © 2024 da ACQUISITION.COM LLC NON PER LA DISTRIBUZIONE

in cui hai la trasparenza per misurare l'esito e la fiducia (o il controllo) che otterrai quando realizzerai dei risultati.

Accumulo di Garanzie

Un venditore esperto capisce che, come per i bonus, è possibile *accumulare* garanzie. Ad esempio, potresti offrire una garanzia senza condizioni di 30 giorni, e poi in cima a quella, offrire una garanzia condizionale di triplicare il tuo denaro indietro entro 90 giorni. Questo sarebbe un esempio di accumulo di una garanzia incondizionata con una garanzia incondizionale.

Puoi anche accumulare due garanzie condizionali su risultati diversi (o sequenziali). Ad esempio, guadagnerai $10.000 entro 60 giorni, $30.000 entro 90 giorni, a patto che tu faccia la cosa 1, 2 e 3. Questo futuro indica al potenziale cliente un risultato che ora ritiene molto più probabile (poiché lo spiegherai deliberatamente in una garanzia condizionale con una tempistica per il raggiungimento). Fare questo mostra al potenziale cliente che sei serio nel farli ottenere risultati e convinto che otterranno ciò che vogliono. Ciò sposta il peso del rischio da loro a noi...una strategia molto potente.

Passiamo attraverso alcuni esempi di garanzia diversi:

Garanzia: Se non raggiungi X, in Y tempo, noi [inserisci offerta]...

[Incondizionato] Garanzia di rimborso "Senza domande"

Cosa ottiene il cliente: A) un rimborso completo, B) un rimborso del 50%, C) un rimborso delle spese pubblicitarie e di eventuali costi extra sostenuti, D) pagherai invece il programma di un concorrente, E) restituisci loro i soldi più 1.000 dollari aggiuntivi (o un altro importo applicabile).

La mia opinione: Questo è il più semplice possibile. È anche molto rischioso. Ti metti in una situazione in cui se qualcuno non ottiene i risultati, che tu sia responsabile o meno, sarai comunque ritenuto responsabile. Ovviamente questa è una garanzia forte ma non originale. Puoi aggiungere condizioni, ma più condizioni aggiungi, più velocemente questa garanzia perde la sua efficacia.

Formulazione: Ho sentito Jason Fladlien, a cui ho fatto riferimento in precedenza, che ha proposto la sua garanzia incondizionata in un webinar e ho pensato fosse incredibile. Queste sono parole al 100% sue e non mie. Non mi prendo alcun merito per questo, ma l'ho incluso per completezza.

 Copyright © 2024 da ACQUISITION.COM LLC NON PER LA DISTRIBUZIONE

"Non ti sto chiedendo di decidere sì o no oggi... ti chiedo di prendere una decisione completamente informata, questo è tutto. L'unico modo per prendere una decisione completamente informata è dall'interno, non dall'esterno. Quindi, entri e vedi se tutto ciò che diciamo in questo webinar è vero e prezioso per te. Poi, se lo è, è lì che decidi di tenerlo. Se non fa per te, senza rancore. Potrai quindi, dopo esserti iscritto all'URL, prendere una decisione completamente informata che questo non fa per te. Ma non puoi prendere questa decisione adesso per lo stesso motivo per cui non acquisti una casa senza prima guardare l'interno. E sappi che... che sia tra 29 minuti o 29 giorni da adesso... se non sei felice, io non sono felice. Per qualsiasi motivo, se vuoi il tuo denaro indietro, puoi ottenerlo perché voglio tenere il tuo denaro solo se sei felice. Tutto ciò che devi fare è scrivere a support@xyz.com e dirci "datemi indietro i miei soldi" e li avrai, e in breve tempo - i nostri tempi di risposta a qualsiasi richiesta di supporto hanno una media di 61 minuti in un arco di tempo 24/7. Puoi fare solo una garanzia del genere quando sei sicuro che ciò che hai è incredibile e sono abbastanza sicuro che quando ti iscrivi all'URL stai ottenendo esattamente ciò di cui hai bisogno.

Suggerimento Professionale: Nomina la tua garanzia con qualcosa di interessante

Se stai per offrire una garanzia, dacci un tocco in più. Invece di usare parole come "soddisfazione" o altre simili, descrivila in modo più incisivo.

<u>**Esempio Generico**</u> (Sbagliato): Garanzia di soddisfazione o rimborso entro 30 giorni.

<u>**Esempio di Immagine Creativa #1**</u> (Buono): Se in 30 giorni non sei capace di saltare in acque infestate da squali per recuperare il nostro prodotto, ti restituiremo ogni dollaro che hai pagato.

<u>**Esempio di Immagine Creativa #2**</u> (Ottimo): Avrai la nostra famosa "Garanzia Clubbing Baby Seal". Dopo 30 giorni di utilizzo dei nostri servizi, se non picchieresti una foca neonata per rimanere nostro cliente, non dovrai pagare neanche un centesimo.

<u>Garanzia di Rimborso Basata sulla Soddisfazione [Incondizionata] (Sviluppata dall'esempio qui sopra):</u>

<u>Cosa Ottiene il Cliente</u>: se in qualsiasi momento non è soddisfatto del servizio che riceve da te, può richiedere un rimborso (in qualsiasi momento) per il programma.

Copyright © 2024 da ACQUISITION.COM LLC NON PER LA DISTRIBUZIONE

La Mia Opinione: Che tu ci creda o no, questa era la mia garanzia quando vendevamo programmi per la perdita di peso. Oltre ad essere un'offerta irresistibile, garantivo la soddisfazione. Ho usato la forza della mia garanzia per chiudere molti affari. "Pensi che sarei ancora in affari se dessi una garanzia così folle e non fossi bravo in quello che faccio? Ora *non* ti garantisco che raggiungerai questo obiettivo in sei settimane, dopotutto non posso mangiare il cibo per te. Ma ti garantisco che otterrai un valore e un servizio di 500 dollari da noi per supportarti. Se non pensi che ti abbiamo dato quel livello di servizio, ti scriverò un assegno il giorno in cui mi dici che facciamo schifo."

Funziona perfettamente con una chiusura al meglio/ al peggio. "Nel migliore dei casi, ottieni il corpo dei tuoi sogni e ti diamo tutti i tuoi soldi per rimanere con noi per raggiungere il tuo obiettivo a lungo termine. Nel peggiore dei casi, mi dici che sono brutto, ti scrivo un assegno e ottieni sei settimane di allenamento gratuito. Entrambe le opzioni sono a rischio zero. Ma l'unica cosa garantita a non aiutarti è uscire di qui oggi". Se sei bravo in quello che fai, puoi usare una garanzia del genere per spingere molte persone oltre il limite. Quella frase mi ha fatto guadagnare molti soldi. Solo due persone hanno utilizzato la mia garanzia su 4.000 vendite in tre anni e mezzo.

La soddisfazione senza domande è la forma più alta di garanzia. Significa che potremmo fare tutto bene e tu potresti comunque chiedere i tuoi soldi indietro. Finché conosci la matematica, grazie alle garanzie stesse, sei capace di compensare i rimborsi grazie a vendite più rapide e più care. *Ma devi essere bravo a mantenere le tue promesse.* Se non lo sei, evita. Credo che questa offerta funzioni molto meglio con tariffe a basso prezzo. Diventa molto rischioso quando si passa a servizi con tariffe a prezzo elevato e costi di soddisfazione più elevati.

Suggerimento Professionale: Incondizionale vs Condizionale in Base al Tipo Di Attività

Le garanzie più ampie e generali funzionano meglio con le attività B2C a tariffa più bassa (molte persone non si prenderanno la briga di servirsi della garanzia). Più la tariffa è alta e più l'attività è orientata agli affari, più ti dovrai orientare verso garanzie specifiche. Queste possono o meno includere i rimborsi e possono o meno avere condizioni

---

 Copyright © 2024 da ACQUISITION.COM LLC NON PER LA DISTRIBUZIONE

Suggerimento Professionale: Le Garanzie come Incoraggiamento al Pagamento Anticipato

Non è necessario garantire tutto ciò che vendi. Invece, puoi scegliere di garantire un piano di pagamento specifico o un'opzione che desideri che qualcuno adotti. In questo modo, una garanzia incentiva un'azione desiderata. Lascia che ti spieghi.

Immagina di avere un servizio di qualche tipo. Dopo che la persona ha accettato di pagare, potresti dire "*Vuoi pagare meno o ricevere indietro tutti i tuoi soldi?*" Chiederebbero una spiegazione. Allora potrei rispondere, "*si tratta di $4000. Puoi farlo in quattro pagamenti di $1000, oppure puoi pagare anticipatamente i $4000 e noi garantiamo XYZ. Le persone che pagano in anticipo sono più impegnate e portano a termine il lavoro, quindi ci piace incoraggiare le persone a farlo con questa garanzia.*" Ora, quindi, le persone hanno una ragione in più per preparare il loro servizio.

Garanzia di Rimborso Straordinaria [Condizionata]

Cosa ottiene il cliente: il doppio o il triplo del loro denaro indietro, o un pagamento senza alcuna condizione di $X,XXX (o un'altra cifra molto superiore a quella pagata).

La mia opinione: Questo è utile quando si vende qualcosa *con* margini elevati. Inoltre, questa garanzia deve essere associata a una condizione di consumo. Ciò significa che il cliente deve fare una serie di cose per poter usufruire di questa garanzia. Un esperto affiliato di livello mondiale, Jason Fladlien (che ha fatto $27M in un solo giorno), ha recentemente utilizzato una garanzia straordinaria per un corso che ha venduto. Ha detto: "Se acquisti questo corso e spendi $X per pubblicizzare il tuo negozio di e-commerce usando i metodi qui descritti e non guadagni denaro, ti comprerò il negozio per $25.000 senza fare domande". Ha affermato che questa garanzia folle su un corso da $2997 ha generato ulteriori $3M in vendite. Inoltre, ha concesso solo 10 rimborsi di $25.000. Quindi, il rimborso ha generato $2,75M in vendite aggiuntive. Questo è ciò che una garanzia folle può fare per te.

In generale, una garanzia molto forte come questa aumenterà sicuramente le vendite. Questo è veramente utile quando hai bisogno che il tuo potenziale cliente faccia *molte* cose e, presupponendo che quelle cose vengano fatte, c'è una bassa probabilità che il risultato non sia raggiunto. A volte una garanzia del genere può addirittura ottenere risultati migliori per i clienti. In termini di conversioni nette (vendite meno rimborsi), questa garanzia solitamente ha prestazioni superiori rispetto a una tradizionale garanzia di rimborso entro 30 giorni.

Garanzia di Servizio [Condizionale]

Cosa Ottiene il Cliente: continui a lavorare per loro gratuitamente fino a quando non si raggiunge X.

Il mio Punto di Vista: Questa è probabilmente la mia garanzia personale preferita di tutti i tempi. Garantisce essenzialmente che il cliente raggiungerà il loro obiettivo, ma elimina l'elemento del tempo. Non sei mai a rischio di perdere denaro. La garanzia riguarda il risultato. Per aggiungere ulteriore sapore, puoi rendere questa garanzia condizionale al loro compimento di azioni chiave legate al successo: creare una pagina web, partecipare alle chiamate, presentarsi agli allenamenti, pesarsi, segnalare i dati, ecc.

Parlando sinceramente: da quando ho consigliato alle aziende di utilizzare questa garanzia particolare, non ho mai avuto una sola persona che mi abbia detto che un cliente ha deciso di usufruire della garanzia. In realtà, se qualcuno fa effettivamente tutto ciò che gli hai chiesto di fare e non raggiunge il risultato entro il tempo stabilito, di solito succede una delle due cose:

1) Vedendo l'impegno del cliente, lavori volentieri con loro finché non raggiungono il risultato desiderato

2) Si abbandona l'idea. Il cliente è probabilmente molto vicino all'obiettivo, il che significa che è soddisfatto. Inoltre, è probabile che la conversazione di vendita con la garanzia sia avvenuta mesi prima. Quello che potrebbe essere stato importante nella conversazione di vendita è una lontana memoria ora, sostituita dal loro affetto verso di te/la tua attività commerciale.

[Condizionale] Garanzia di servizio modificata

Cosa ottiene il cliente: Gli fornisci un altro periodo di servizio lungo Y o l'accesso ai tuoi prodotti/servizi gratuitamente. In generale, Y dovrebbe essere almeno il doppio della durata del servizio.

La mia opinione: è simile alla garanzia di servizio, ma lega una durata specifica al tuo lavoro/progetto per esteso. Quindi invece di essere responsabile "per sempre", sei solo responsabile per un periodo aggiuntivo Y. L'ho visto funzionare magicamente e ti mantiene responsabile per un periodo di tempo più definito, il che potrebbe essere un punto di partenza più facile prima di fare la "garanzia di servizio totale" sopra.

 Copyright © 2024 da ACQUISITION.COM LLC NON PER LA DISTRIBUZIONE

[Condizionale] Garanzia basata su credito

Cosa ottiene il cliente: gli restituisci ciò che ha pagato, ma sotto forma di credito da utilizzare per qualsiasi servizio offerto.

La mia opinione: è meglio utilizzarla durante un processo di vendita aggiuntivo per concludere l'affare su un servizio di cui non sono sicuri che gli piacerà. A loro già piace ciò che hanno, ma tu stai cercando di vendergliene *di più*. Nel peggiore dei casi, possono applicarlo a ciò che già apprezzano. Quindi, mantiene una buona relazione con il cliente.

[Condizionale] Garanzia di servizio personale

Cosa ottiene il cliente: lavori con loro uno a uno, gratuitamente, fino a quando non raggiungono l'obiettivo o il risultato X.

La mia opinione: questa è sicuramente una delle garanzie più forti esistenti. È come una garanzia di servizio in modalità avanzata. Tuttavia, dovresti *definitivamente* aggiungere delle condizioni: devono rispondere entro ventiquattro ore, devono usare i prodotti che gli dici di usare, devono fare XYZ. Solo se lo fanno, continuerai a lavorare con loro uno a uno.

Questo è particolarmente potente quando si scala e si diventa più esperti come proprietari di un'attività. Puoi immaginare uno dei miei venditori che dice: "Alex lavorerà personalmente con te fino a quando la tua offerta non convertirà"? Giusto. Funzionerebbe. Sarebbe anche un incubo. Quindi probabilmente metterei delle condizioni come: "A condizione che tu abbia già speso $10.000 sulla tua offerta esistente utilizzando la nostra struttura, l'offerta che hai lanciato era per la generazione di lead ed era un'offerta gratuita. Queste sono cose che renderebbero improbabile il loro fallimento. Se per qualche motivo *non avessero* avuto successo con tali condizioni, potrei probabilmente risolvere il loro problema in dieci minuti solo guardandolo.

[Condizionale] Garanzia di vantaggi hotel + volo

Ciò che il cliente ottiene: se non ricevi valore, rimborseremo il tuo prodotto e *il tuo soggiorno + volo*.

La mia opinione: Questo è tecnicamente un "rimborso dei costi extra" dal nostro primo esempio. Mi piace molto per i workshop e le esperienze dal vivo. Normalmente l'evento costerebbe più del soggiorno e del volo, quindi è come aggiungere $1000 in più alla garanzia ma molto più tangibile. È abbastanza originale per questo la gente lo apprezza.

Copyright © 2024 da ACQUISITION.COM LLC NON PER LA DISTRIBUZIONE **139**

[Condizionale] Garanzia di pagamento del salario

Ciò che il cliente ottiene: offri di pagare la loro tariffa oraria, qualunque essa sia, se non trovano di valore la tua chiamata/sessione con loro.

La mia opinione: questa è anche una garanzia dei costi extra, solo molto più originale. Se qualcuno chiede effettivamente il pagamento della sua tariffa oraria, chiedigli semplicemente la sua dichiarazione dei redditi e dividi per 1.960 (numero di ore lavorative in 40 ore alla settimana per un anno). Ma nessuno che chiede un rimborso lo farà effettivamente, quindi non dovrai mai effettivamente fare questi calcoli. Mai.

Rilascio Garanzia di Servizio [Condizionale]

Cosa ottiene il cliente: Si consente loro di cessare il contratto senza alcun costo.

La mia opinione: Ciò annulla un impegno o una penale di cancellazione. Se si ha un'attività che prevede impegni, contratti o clausole applicabili specifiche, questa può essere una potente garanzia. Meglio ancora, se si ha un'attività che non ha condizioni nei contratti, allora non si ha nulla da perdere aggiungendo questa garanzia.

Garanzia di Secondo Pagamento [Condizionale] Ritardato

Cosa ottiene il cliente: Non verranno loro addebitati nuovamente i costi fino a *dopo* che avranno raggiunto il loro primo risultato. Ad esempio: perdere i primi cinque chili . . . fare la prima vendita . . . mettere in funzione il proprio sito web, ecc.

La mia opinione: Questa mi piace molto, soprattutto se si ha un processo molto sistematizzato per ottenere il primo risultato. Fa pensare al potenziale cliente in termini di azione rapida e li motiva. Inoltre, focalizzerà il team sulla motivazione del cliente. È ottima quando si sa quale metrica o azione guida la motivazione (un indicatore predittivo della ritenzione a lungo termine) di un cliente. L'ho utilizzata con successo molte volte.

Garanzia del Primo Risultato [Condizionale]

Cosa ottiene il cliente: Si continuerà a pagare i loro costi extra (spese pubblicitarie, albergo, ecc.) fino a quando non raggiungeranno il loro primo risultato. Esempio: se non si effettua la prima vendita in 14 giorni, pagheremo le spese pubblicitarie fino a quando non la si farà.

Copyright © 2024 da ACQUISITION.COM LLC NON PER LA DISTRIBUZIONE

Il mio punto di vista: è come la Garanzia di Secondo Pagamento, solo che è incentrato attorno ad un costo diverso. Personalmente, mi piace molto quest'ultimo. Mantiene tutti concentrati sul guadagnare quel primo dollaro. Una volta che arriva quel primo dollaro, il secondo seguirà subito dopo.

[Anti-Guaranzie] Tutte le vendite sono definitive.

Cosa ottiene il cliente: accesso a un servizio/prodotto super esclusivo e molto prezioso. Probabilmente, si tratta di qualcosa di molto potente che, una volta visto, non può essere dimenticato o, una volta usato, non può essere tolto. Ad esempio, una riga di codice per migliorare l'esperienza di acquisto su un sito web. Una volta che qualcuno ha ricevuto questo codice, potrebbe provarlo e usarlo senza pagarvi. Oppure una serie di messaggi di apertura per rimorchiare ragazze o frasi di apertura per contattare potenziali clienti. Cose molto preziose, ma incredibilmente facili da rubare dopo essere state viste / comprese.

Il mio punto di vista: questo può aumentare la persuasività della vendita e il valore del prodotto o servizio. *Implica* essenzialmente che il cliente lo utilizzerà e otterrà un immenso beneficio, esponendo così l'azienda a una vulnerabilità. Abbiamo una politica di "tutte le vendite sono definitive", *ma* questo perché il nostro prodotto è così esclusivo e potente che, una volta usato, non può essere dismesso. Poiché è così comune avere una sorta di garanzia, non averne una attira la nostra attenzione.

Quindi, invece di essere indecisi, puntiamo sul fatto che questo prodotto funziona così bene e che è così facile da copiare, che dobbiamo *rendere* tutte le vendite definitive. Ci crederanno ancora di più se adotterete questa posizione. "Vi mostreremo il nostro processo che stiamo usando ora per generare lead nella nostra attività. I nostri funnel, annunci e metriche. Sveleremo il funzionamento interno della nostra attività e, di conseguenza, tutte le vendite saranno definitive". Nota: qui è necessario un forte motivo per applicare la garanzia. Inventatene uno che suoni convincente. Più riuscite a dimostrare una *reale* esposizione, e più sarà efficace.

Le anti-garanzie possono funzionare anche molto bene con prodotti e servizi costosi che richiedono molto lavoro o personalizzazione. "Se sei il tipo di cliente che ha bisogno di una garanzia prima di fare un salto, allora non sei il tipo di persona con cui vogliamo lavorare. Vogliamo persone motivate e intraprendenti che possano seguire le istruzioni e non cercano una via d'uscita prima ancora di iniziare. Se non sei serio, non comprarlo. Ma se lo sei, farai un sacco di soldi." Da questi esempi, dovresti capire l'idea.

Copyright © 2024 da ACQUISITION.COM LLC NON PER LA DISTRIBUZIONE

Performance: A) ...Pagami solo $XXX per vendita/ $XXX per spettacolo B) $XX per kilo perso

Condivisione dei ricavi: A) 10% del fatturato lordo B) 20% del profitto C) 25% del fatturato netto

Quota di profitto: A) X% dei profitti B) X% del profitto lordo

Graduatorie: 10% se superiore a X, 20% se superiore a Y, 30% se superiore a Z

Bonus/Trigger: Ottengo X quando Y si verifica.

<u>**Ciò che il cliente ottiene**</u>: se non si performa, non sono obbligati a pagare. Se si raggiunge un buon risultato, il compenso è stato determinato in base a un accordo preso *prima* dell'inizio del lavoro.

<u>**Il mio pensiero**</u>: la performance, la condivisione dei ricavi e la condivisione dei profitti non sono garantiti di "per sé", ma a tutti gli effetti lo sono. C'è una garanzia implicita ogni volta che si entra in una partnership basata sulla condivisione dei ricavi o sulle prestazioni: se non guadagni denaro, non devi pagarmi. A mio parere, questo è uno dei setup più desiderabili, se non IL più desiderabile. In primo luogo, perché ti rende responsabile dei risultati dei tuoi clienti. In secondo luogo, elimina i partners di bassa performance. La perfetta sintonia tra cliente e fornitore di servizi favorisce la collaborazione e una relazione a lungo termine. Sono un grande fan. Gli svantaggi sono il monitoraggio e la raccolta. Quindi se puoi trovare un modo per aggirare questo ... hai trovato una miniera d'oro. Questo fa parte dell'offerta che insegniamo alle nostre agenzie che utilizzano il nostro software. Li aiutiamo a passare da un modello di pagamento fisso a un modello di pagamento basato sulle prestazioni e lo incorporiamo nell' Offerta Grande Slam di cui ho parlato prima. Ho visto innumerevoli agenzie passare da $20k/mese a $200k+/mese in pochi mesi.

Puoi anche abbinare un accordo basato sulla condivisione delle entrate (revenue share) o sulle prestazioni con un minimo garantito. Sarebbe come dire "otteniamo il valore maggiore tra $1000 o il 10% della entrate generate". Quindi, se il cliente non genera denaro per qualsiasi motivo, questo copre almeno i tuoi costi dei servizi, ecc. Oppure diciamo che prendiamo $1000/mese per i primi 3 mesi, poi dopo quello passa al 100% sulle prestazioni. Questo sarebbe ideale per un setup che richiede molto tempo per partire.

Questi tipi di offerte funzionano bene quando hai risultati quantificabili. Il più forte, naturalmente, è nessun pagamento garantito senza performance.

Crea la Tua Garanzia Vincente

Invertire il rischio è il modo numero uno per aumentare la conversione di un offerta. Gli esperti marketer dedicano tanto tempo a creare le loro garanzie quanto ai prodotti o servizi offerti. È così importante.

Personalmente ho utilizzato tutte le garanzie elencate sopra (tranne quella dell'hotel e della chiamata telefonica, che avevo semplicemente visto e mi piacevano). Ma puoi inventarne di tue! La chiave è individuare le più grandi paure, dolori e ostacoli percepiti dal cliente. "Cosa non vogliono che accada se ti pagano? Di cosa hanno più paura?" Inverti le loro paure in una garanzia. Pensa al tempo, all'emozione ed ai costi esterni associati a qualsiasi programma o servizio. Più la garanzia è specifica e creativa, meglio è.

Detto questo, le garanzie sono potenziamenti. Possono migliorare il magnetismo o l'attrattiva di qualsiasi offerta, ma non possono fare tutto. Se una garanzia viene utilizzata per coprire una cattiva squadra di vendita o un prodotto di bassa qualità, si ritorcerà contro in un gran numero di rimborsi. No bueno.

Il mio consiglio: Inizia a vendere garanzie basate sul servizio o ad impostare partnership di performance. Ciò renderà tutte le vendite definitive (quindi nessuna paura di rimborsi). Inoltre, ti impegnerà nei risultati dei tuoi clienti e ti manterrà onesto. Da lì, puoi mantenere quella garanzia e scalare (perfettamente accettabile), oppure salire nella catena alimentare verso garanzie meno restrittive per aumentare il volume.

Ora abbiamo un'offerta centrale costruita e garanzie scelte.

Prossimo Passo…

Tutto ciò che dobbiamo fare è mettere un fiocco su questo pacchetto e dargli un nome. Scegliere il nome di un'offerta determina quanto bene converte la tua pubblicità, quante risposte ottieni dalle email/cold call/messaggi e quante risposte otteranno i tuoi commenti.

È importante.

Detto ciò, ti mostrerò come generare un numero illimitato di nomi "carta da regalo" per la tua offerta. In questo modo non sarà mai noiosa, non importa quanto piccolo possa essere il tuo mercato. Questa è la chiave per generare sempre leads facilmente disponibili.

Regalo # 9 BONUS: Creare una Garanzia Vincente con Me

Le garanzie possono far riuscire o fallire un azienda. Sono come la dinamite, possono essere incredibilmente potenti *se* in mano a un esperto. Vai su Acquisition.com/training/offers e seleziona **"Creazione di Garanzie"** per guardare un breve video tutorial in modo da poter iniziare a usarlo nella tua attività per fare più vendite il prima possibile. Ho anche creato per te una **Checklist Delle Garanzie Gratuite** da utilizzare quando pensi a tutte le variabili. Puoi anche scannerizzare il QR Code se non ti piace scrivere Come sempre, è assolutamente gratuito. Divertiti.

 Copyright © 2024 da ACQUISITION.COM LLC NON PER LA DISTRIBUZIONE

Migliorare l'Offerta: Denominazione

Effetto dell'egotismo implicito: siamo generalmente attratti dalle cose e dalle persone che ci assomigliano di più.

M-A-G-i-C (MAGICO) FORMULA DEL TITOLO

Come l'albero che cade nella foresta senza che nessuno lo senta, avere un'offerta "Grand Slam" non ti farà guadagnare se nessuno ne viene a conoscenza. L'obiettivo dev'essere che, al solo sentire parlare della tua offerta, i tuoi potenziali clienti ideali siano abbastanza interessati da agire. La sua denominazione corretta è parte integrante di questo processo.

Ecco un esempio. Supponi di vedere una "Challenge per sbarazzarsi dello stress di rilascio dello stress gratuita di sei settimane" e una "Sessione in un centro di Vasche di Deprivazione". Anche se potrebbero essere la stessa cosa, solo con nomi diversi, sei molto più propenso a rispondere alla prima.

E adesso il problema: le offerte perdono interesse con il tempo. E nei mercati locali, si affaticano ancora più rapidamente. Perché? In un mercato locale, costa relativamente poco raggiungere un'intera popolazione. Su molte piattaforme, puoi raggiungere 1.000 persone per circa $20. Quindi, se ci sono 200.000 persone nella tua zona di interesse, ti costerebbe solo $10.000 per raggiungerli tutti d'un colpo.

<u>Importante avvertenza</u>: raggiungere un pubblico una sola volta non significa in alcun modo che un'offerta ha perso tutto il suo interesse. La maggior parte delle persone non nota nemmeno un'offerta al primo avviso. Ecco perché devi creare nuovi elementi creativi (video, immagini) e nuovi approcci, storie e testi intorno alle stesse offerte. Puoi comunque utilizzare le offerte per molto tempo. Ma quando parliamo di *anni* di utilizzo, non di mesi, le offerte possono alla fine stancare.

Nel tempo puoi rinominare l'offerta per rinfrescarla. Questo unico concetto ti darà lead per sempre. Lo dico sul serio. Quindi presta attenzione. Non stiamo cambiando l'offerta effettiva. Stiamo solo cambiando la *carta da regalo*.

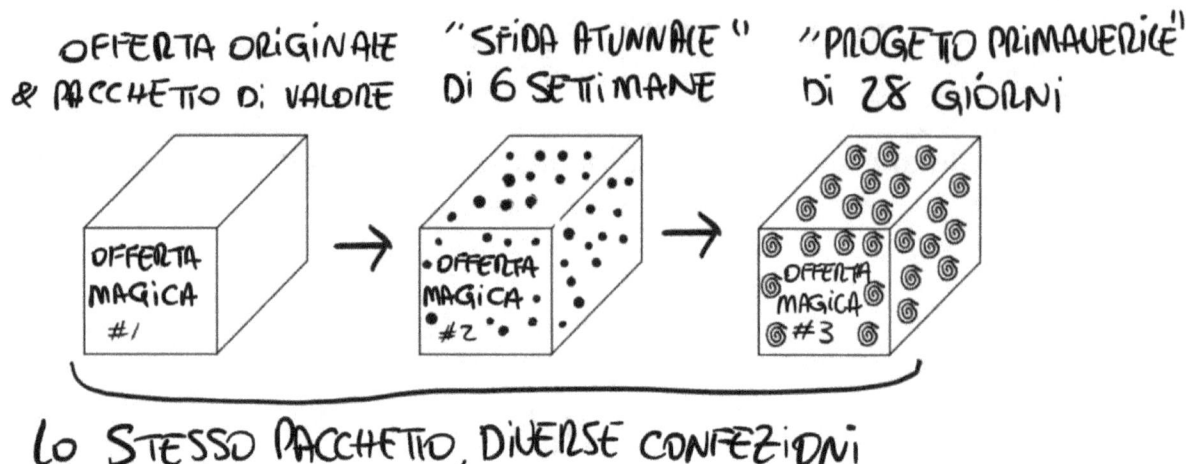

OFFERTA ORIGINALE & PACCHETTO DI VALORE → "SFIDA ATUNNALE" DI 6 SETTIMANE → "PROGETO PRIMAVERICE" DI 28 GIORNI

OFFERTA MAGICA #1 — OFFERTA MAGICA #2 — OFFERTA MAGICA #3

LO STESSO PACCHETTO, DIVERSE CONFEZIONI

Se hai creato un'offerta raggruppata, alla fine stai comunque facendo le stesse cose. Il lavoro che fai, i servizi che offri e i prodotti che metti a disposizione rimarranno invariati quando cambi il nome. Di nuovo, stiamo semplicemente cambiando la carta da regalo.

Ecco la formula più semplice che ho ideato per questo processo:

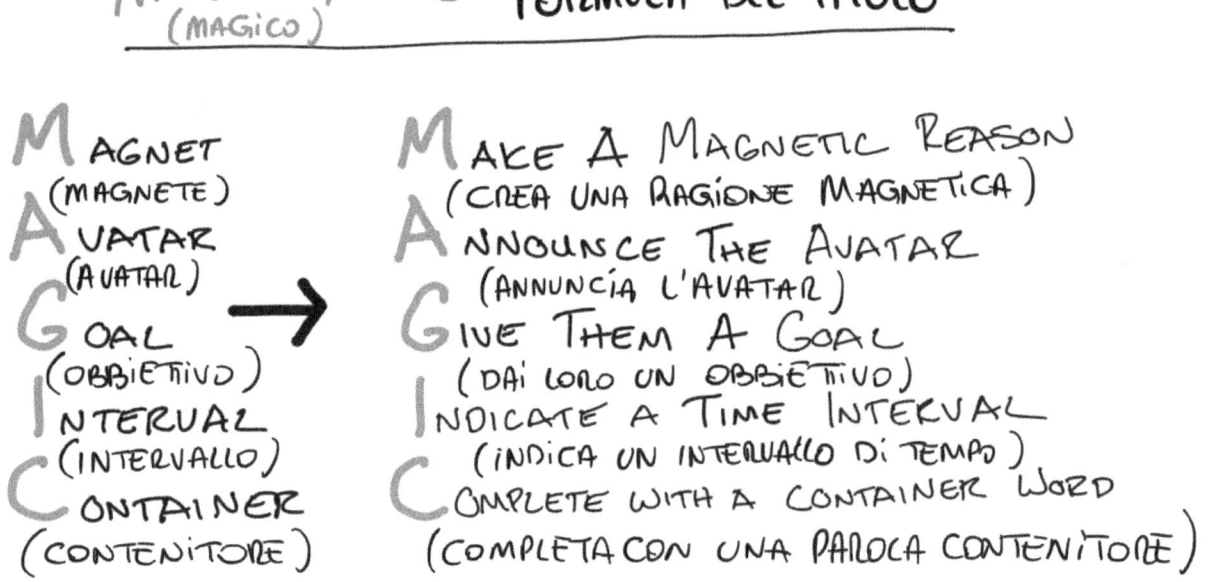

M-A-G-i-C (MAGICO) FORMULA DEL TITOLO

Magnet (MAGNETE) → Make A Magnetic Reason (CREA UNA RAGIONE MAGNETICA)
Avatar (AVATAR) → Announce The Avatar (ANNUNCIA L'AVATAR)
Goal (OBBIETTIVO) → Give Them A Goal (DAI LORO UN OBBIETTIVO)
Interval (INTERVALLO) → Indicate A Time Interval (INDICA UN INTERVALLO DI TEMPO)
Container (CONTENITORE) → Complete With A Container Word (COMPLETA CON UNA PAROLA CONTENITORE)

 Copyright © 2024 da ACQUISITION.COM LLC NON PER LA DISTRIBUZIONE

Nota importante: Non tutte queste componenti sono obbligatorie. Di solito ne userai tre o cinque per dare un nome a un programma o a un servizio. Se riesci a inserirle tutte, meglio, ma è probabile che il nome diventi troppo lungo.

Più breve e incisivo è, meglio è. Quindi è una questione di equilibrio tra brevità e specificità. L'unico modo per sapere veramente cosa funziona è scriverli e testarli.

Facciamo un elenco delle componenti adesso.

Nota d'Autore: Teoria del Marketing

Se ti piace capire i concetti alla base della mia formula M-A-G-I-C, ecco una breve traduzione approssimativa: Attirare l'attenzione (M-Magnet), Discriminare (A-Avatar), Scopo (G-Goal), Intervallo temporale (I-Intervallo) e Metodo (C-Container).

Creare una "Ragione Magnetica del Perché"

Iniziamo il nome con una parola o una frase che spiega alle persone la "ragione perché" stiamo promuovendo la nostra offerta.

Mi piace dire alle persone di pensare come un organizzatore di feste universitarie. Quando ero al college, abbiamo organizzato una festa perché un ragazzo aveva estratto i suoi denti del giudizio. Dico questo per dire... la "ragione perché" può letteralmente essere qualsiasi cosa.

Non importa davvero finché ci credi. E puoi persino scherzarci sopra come nell'esempio della confraternita. Ma questo dovrebbe rispondere ad una o entrambe le seguenti domande: *Perché stanno facendo questa grande offerta? o Perché dovrei rispondere a questa offerta? / Cosa c'è per me?*

Esempi: Gratis, 88% di sconto, Giveaway; 88% di sconto, Primavera, Estate, Ritorno a Scuola; Grande Apertura; Nuova Gestione; Nuova Costruzione; Anniversario; Halloween; Nuovo Anno.

Nota: Discuterò come monetizzare offerte gratuite e scontate nel Volume III: Modelli di Denaro.

Annuncia il Tuo Avatar

Questo componente indica il tuo avatar ideale: chi stai cercando e chi non stai cercando come cliente. Vuoi essere il più specifico possibile, ma non di più. Quando sei in un'area locale, più locale puoi rendere il tuo titolo, più converte. Quindi non usare una città, prova piuttosto a rivolgerti a un sottomercato o a un'area iperlocale. Non Baltimora, ma Towson, MD. Non Chicago, ma Hinsdale, ecc.

Esempi: Dentisti Bee Cave, Mamme di Rolling Hills, Proprietari di saloni, Atleti in pensione, Dirigenti impegnati di Brooklyn

Dagli Un Obiettivo

Qui articoli l'obiettivo di sogno del tuo potenziale cliente. Può essere una sola parola o una frase. Può essere un evento, una sensazione, un'esperienza o un risultato, qualsiasi cosa che li ecciti. Più specifico e tangibile, meglio è.

Esempi: Senza dolore, Sorriso da celebrità, Primo posto, Mai senza fiato, Prodotto perfetto, Offerta Grand Slam, Little Black Dress, Raddoppia il tuo profitto, Primo cliente, Biglietto elevato, 7 cifre, 100k, ecc.

Indica un Intervallo di Tempo

Stai solo facendo sapere alle persone la durata prevista qui. Questo fornisce un esempio di quanto tempo ci vorrà per ottenere i risultati desiderati.

Nota: se stai facendo qualsiasi tipo di affermazione quantificabile (come guadagni di reddito o perdita di peso), la maggior parte delle piattaforme *non* approverà questo tipo di messaggio *con* una durata specificata per il raggiungimento dell'obiettivo perché implica una garanzia. Implica che otterranno questo risultato in un certo periodo di tempo, il che va contro molte regole delle piattaforme. Quindi non fornire un risultato quantificabile con la durata a meno che la tua piattaforma lo consenta. Detto questo, la durata è un componente potente di una grande offerta e dovresti sicuramente usarla ovunque non debba occuparti della conformità. In alternativa, se l'obiettivo che li aiuti non è una "rivendicazione" in senso stretto, assolutamente utilizza un intervallo di tempo. "10.000 dollari in 10 giorni" vs "Fai la tua prima vendita in 10 giorni".

Esempi: AA minuti, BB ore, CC giorni, DD settimane, Z mesi. "4 ore" "21 giorni" "6 settimane" "3 mesi".

 Copyright © 2024 da ACQUISITION.COM LLC NON PER LA DISTRIBUZIONE

Completa Con Una Parola Contenitore

La parola contenitore indica che questa offerta è un pacchetto di molte cose messe insieme. È un sistema. È qualcosa che non può essere confrontato con un'alternativa commercializzata.

Esempi: Sfida, Modello, Campo estivo, Intensivo, Incubatore, Masterclass, Programma, Disintossicazione, Esperienza, Summit, Acceleratore, Percorso veloce, Scorciatoia, Sprint, Lancio, Fionda, Catapulta, Esplosione, Sistema, Weekend, Incontro, Trasformazione, Gruppo di studio, Piano di gioco, Immersione profonda, Workshop, Ritorno, Rinascita, Attacco, Reset, Soluzione, Hack, Codice di sblocco, Decollo, ecc.

Suggerimento Professionale: Trova il Tempo per le Rime

Le buone rime rimangono nella memoria delle persone. Rima il nome del tuo programma per vincere il gioco.

Cerca su Google "dizionario delle rime" per un facile shortcut. Nota: non cercare di forzarlo. Non è un requisito, è solo un "piacere da avere".

Suggerimento Professionale: Allitterazione

L'allitterazione consiste nel fare in modo che tutte (o la maggior parte) delle parole inizino con la stessa lettera o suono.

Un approccio alternativo alla rima è utilizzare l'allitterazione per nominare il tuo programma. Questo è più facile per la maggior parte delle persone rispetto alla rima. Ancora una volta, non è necessario fare rime o allitterazioni. Non forzarlo.

Esempio: Big Bootcamp, Detox dal debito, ecc.

Copyright © 2024 da ACQUISITION.COM LLC NON PER LA DISTRIBUZIONE

Potrei essere strano, ma la creazione dei nomi per le offerte è una delle mie parti preferite di questo processo. Quello che voglio sottolineare, ancora una volta, è che il tuo modello di guadagno effettivo, il prezzo e i servizi rimarranno per lo più invariati. Cambiare solo la carta da regalo significa cambiare la percezione esterna di ciò che è la tua offerta Grand Slam.

Di seguito troverai alcuni esempi di offerte nominate per diverse industrie.

Benessere

Sfida gratuita "Dimagrisci in sei settimane per Halloween"

88% di sconto su "Piano bikini in 12 settimane"

Makeover gratuito "Mamma in forma in 21 giorni"

Sfida di rilascio dello stress in sei settimane

Medici

Trasformazione del sorriso da celebrità con sconto di $2.000

Lakeway Moms - $1.500 di sconto sui denti dei tuoi figli

Lakeway Moms - 12 mesi per un sorriso perfetto ($1000 di sconto per 15 famiglie)

Regalo di apparecchi ortodontici gratuito per il ritorno a scuola

Tensione? Massaggio a 1€ per i nuovi clienti - Offerta estiva.

Coaching

Guida per 5 Clienti in 5 Giorni

12 Settimane Intensive con 7F Agency

Trova il Tuo Prodotto Perfetto in 14 Giorni

Riempi la Tua Palestra in 30 Giorni (Gratis!)

Potrei continuare a elencarne, ma spero che tu abbia capito l'idea. Ora è il momento che tu provi per la tua Grande Slam Offerta.

Ancora una volta, non devi necessariamente utilizzare tutti i componenti del titolo. Utilizzarne tre o cinque creerà qualcosa di più unico e desiderabile, permettendoti di

Copyright © 2024 da ACQUISITION.COM LLC NON PER LA DISTRIBUZIONE

distinguerti dalla concorrenza e creare un'offerta che attirerà clic e coinvolgimento e, alla fine, ti farà guadagnare denaro.

Inoltre, non devi farli nell'ordine M-A-G-I-C. Fai quello che ti sembra più incisivo. Dopo aver fatto questo per un po', vedrai che alcune offerte convertono meglio di altre. E ogni tanto otterrai un nome che decollerà come un razzo. Onestamente, non ho idea del motivo per cui alcuni nomi vincono più di altri. Quindi, non essere emotivo al riguardo. Continua a provare. Continua a cercare. Poi prova di più. Ci arriverai.

Ora che hai diversi nomi per la tua offerta, puoi utilizzare due o tre dei tuoi migliori nomi nella tua campagna pubblicitaria. Annota velocemente il vincitore, quindi usalo come riferimento per confrontarlo con nuovi nomi. Questo è il modo con cui devi promuovere.

Suggerimento Professionale - Nomina gli Elementi Secondari e Bonus

Utilizza la formula della M-A-G-I-C per ogni elemento nella tua lista e pacchetto. Automaticamente aumenterà il valore delle tue offerte semplicemente dando loro un nome che risuona con i tuoi prospect.

Cosa Succede Quando un'Offerta Inizia a Faticare

Mentre si promuovono offerte, sarà necessario creare variazioni nel tempo poiché i gusti del mercato cambiano. Ecco l'ordine in cui cambierai le cose per mantenere costante il flusso di lea

1) Cambia la creatività (le immagini e le foto nei tuoi annunci)

2) Cambia il corpo del testo nei tuoi annunci

3) Cambia il titolo - il "wrapper" della tua offerta

   a) Da "Challenge Magra Gratuita di 6 Settimane" a "Challenge Tonificante Gratuita di 6 Settimane"

   b) Da "Post-Sbornia delle Feste" a "Nuovo Anno, Nuovo Tu"

4) Cambia la durata della tua offerta

5) Cambia l'elemento potenziatore della tua offerta (il tuo componente gratuito/scontato)

Copyright © 2024 da ACQUISITION.COM LLC NON PER LA DISTRIBUZIONE

6) Cambia la struttura di monetizzazione, la serie di offerte che offri ai prospect e i prezzi associati ad esse (Libro II)

Seguo questo framework di variazione perché nella maggior parte dei casi sono i primi elementi che devono essere cambiati. Di solito, devono essere cambiati ancora e ancora senza toccare nulla in fondo all'elenco.

Ad esempio, quando gli annunci diventano noiosi, non cambiamo l'intera attività; riproponiamo solo lo stesso annuncio con un video o un'immagine diversi. Una volta che smette di funzionare, lo cambiamo di nuovo. Alla fine, devi cambiare le parole nei tuoi annunci. E ripetere il processo. Allora, e solo allora cambieresti l'involucro.

Supponiamo di passare da una Sfida di Rilascio dello Stress di sei settimane a una Sfida di Vacanze Rilassanti di 42 giorni per un centro massaggi. Stessa offerta di base, solo un involucro diverso. Poi, ovviamente, potresti cambiare la durata della tua offerta: da sei settimane a 28 giorni o otto settimane, eccetera. Più in basso nella lista vai, più pesante diventa dal punto di vista operativo, quindi assicurati veramente di aver esaurito i modi precedenti e "più leggeri" di variare la tua offerta.

Una volta che hai monetizzato un'offerta, raramente dovresti cambiarla. Semplicemente risciacqua e ripeti ancora e ancora e ancora. Questo può essere difficile perché siamo imprenditori e *amiamo* il cambiamento. Qui il cambiamento di solito crea solo inefficienza e oneri operativi, che ti costano denaro. Non buono.

Quindi cambia la carta da regalo prima di tutto: l'"aspetto" dell'offerta (copy, creatività, titoli). Poi cambia la stagionalità dell'offerta. Poi cambia la durata. Se sei ancora bloccato, cambia ciò che stai dando via gratuitamente o scontato. Cambia l'intera macchina dietro *solo* come ultima risorsa e per una dannata buona ragione, soprattutto una volta che hai preso trazione.

Ma come si ottiene la trazione iniziale dell'offerta? Buona domanda. Prova la struttura dell'offerta e il titolo che pensi abbia la maggior

probabilità di funzionare. Poi attieniti ad esso.

E se non convertono subito, non preoccuparti. Migliorerai. Spesso, se stai usando questi tipi di modelli, *molti* di essi funzioneranno. In quel caso, aderisci a quello che ti dà il rendimento più alto. Puoi anche ruotare tra le offerte se ciò non crea un sacco di oneri operativi per il tuo tipo di attività. Questa è la posizione ultima di potere. Hai molteplici "assi nella manica" che puoi giocare in qualsiasi momento, il che mantiene il tuo marketing in grado di convertire a un livello ancora più alto.

 Copyright © 2024 da ACQUISITION.COM LLC NON PER LA DISTRIBUZIONE

> **Nota d'Autore - Marketing delle imprese locali**
>
> Ironicamente, il marketing delle imprese locali è sia più facile che più difficile rispetto al marketing a livello nazionale. È più facile iniziare a lavorare, ma è più difficile mantenere il lavoro o scalare. E la ragione è che nei mercati locali è più facile perché c'è fiducia nel familiare. Quindi vendere di persona a prezzi più alti in un mercato locale è intrinsecamente più facile. Significa che convertirai un numero molto più elevato di potenziali clienti. Questo rende il lavoro di marketing efficace per la maggior parte del tempo.
>
> Il lato negativo del marketing locale è che le offerte si esauriscono rapidamente perché c'è solo un raggio limitato che un'impresa locale può servire. Per fare riferimento a un concetto precedente, il TAM (mercato totale raggiungibile) per un'attività commerciale fisica è solo il suo raggio immediato (nella maggior parte dei casi). Quindi per estensione, più piccolo è il raggio, più rapidamente si esauriscono le offerte. Questa è l'arma a doppio taglio del marketing locale.
>
> Imparare a variare rapidamente le mie offerte, i titoli e la creatività quando avevo le mie imprese locali è stata una competenza fondamentale che ha reso molto più facile per me espandere la mia pubblicità a livello nazionale. Quindi, se ti trovi in un mercato locale, ricorda che non stai cambiando il valore della tua offerta. Stai solo cambiando il modo in cui *appare* al mercato nel tuo marketing.

Riepilogo dei nomi

Dobbiamo nominare correttamente la nostra offerta per attirare l'avatar giusto verso la nostra attività. Fedeli al detto, le persone giudicano un libro dalla copertina. Dare un nome superficiale al tuo prodotto o alla tua offerta può rovinare le conversioni. Non cadere vittima di una denominazione fatta con pigrizia. Segui i nostri passi per denominare il tuo prodotto o offerta di servizi e guarda la stessa offerta ottenere un tasso di risposta 2x, 3x o 10x. Ci crederai quando lo vedrai - lo so per esperienza personale.

Migliora la Tua Offerta Riepilogo della Sezione

Congratulazioni! Hai compreso come conferire valore alla tua offerta, come suddividere i tuoi servizi in componenti individuali e come aggregarli in un insieme ancora più prezioso.

Copyright © 2024 da ACQUISITION.COM LLC NON PER LA DISTRIBUZIONE

Hai aggiunto una garanzia per convincere più persone ad acquistare la tua offerta ed a effettivamente utilizzarla per poter avere maggior successo.

L'hai presentata con urgenza e scarsità per suscitare maggior interesse in più persone.

Ed ora hai nominato la tua offerta in modo da attrarre i prospect giusti e respingere quelli sbagliati, il tutto contenendo una grande promessa che tutti possono capire.

Abbiamo affrontato molti argomenti, quindi vorrei concederti un breve momento di respiro prima di passare al Libro II, dove ti aiuterò a attrarre clienti e monetizzare al massimo la tua offerta.

Regalo n. 10 BONUS: Crea il Nome Perfetto Per il Tuo Prodotto

Nominare correttamente il tuo prodotto aiuta il tuo avatar a sapere che il prodotto è per loro, che è prezioso e che risolverà i loro problemi. Se vuoi farlo insieme a me, vai su **Acquisition.com/training/offers** e seleziona **"Denominare i prodotti"** per guardare un breve tutorial video in modo da poter iniziare ad utilizzarlo nella tua attività per aumentare le vendite il prima possibile. Ho anche preparato per te una **Checklist gratuita sulla formula** di denominazione da utilizzare e riutilizzare con il tuo team. Funziona anche per denominare le promozioni. Puoi anche scannerizzare il QR Code se non ti piace digitare. Come sempre, è assolutamente gratuito. Goditelo.

 Copyright © 2024 da ACQUISITION.COM LLC NON PER LA DISTRIBUZIONE

SEZIONE V

Esecuzione

Come Fare In Modo Che Ciò Accada Nel Mondo Reale

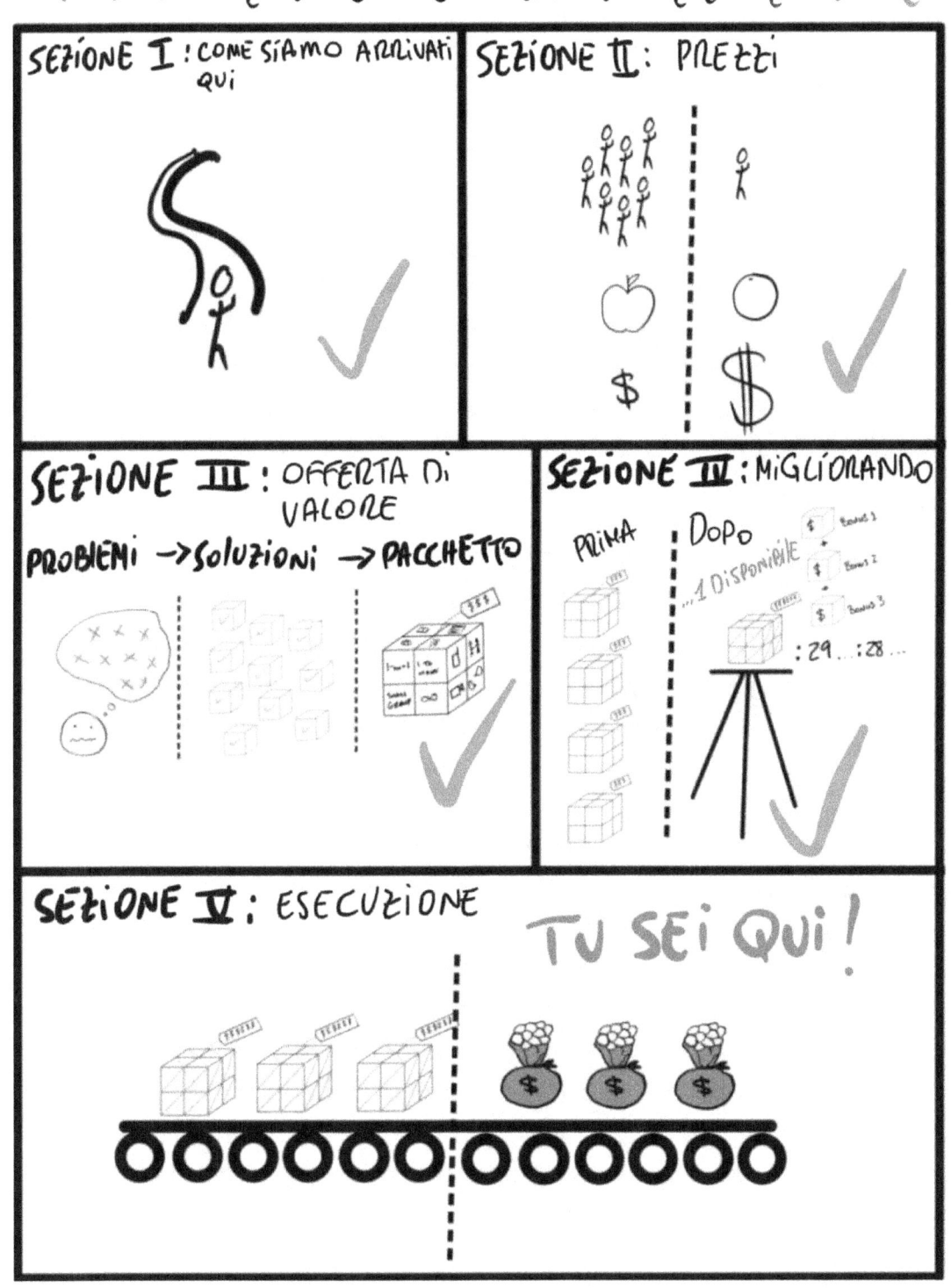

Copyright © 2024 da ACQUISITION.COM LLC NON PER LA DISTRIBUZIONE

I Tuoi Primi $100.000

"I primi $100.000 sono difficili, ma devi farli. Non importa cosa devi fare, se significa camminare ovunque e non mangiare nulla che non sia stato acquistato con un coupon, trova un modo per mettere le mani su $100.000. Dopo di che, puoi rallentare un po'."

- Charlie Munger, Vice Presidente Berkshire Hathaway

Marzo 2017.

Il mio cuore batteva all'impazzata. Potevo letteralmente sentire ogni battito che martellava nel mio petto. Stringevo la mascella per resistere al nodo in gola che sapevo mi avrebbe portato lacrime sul mio viso. Volevo arrendermi. Anni di emozioni erano contenuti sotto la superficie. Anni di ignorare la mia realtà e la mancanza di successo. Anni di rimandare come mi sentivo, concentrandomi solo su *come andare avanti.* La pressione stava emergendo in superficie. Potevo *sentirlo.*

"Ci siamo riusciti", dissi.

Leila, mia moglie ora, mi guardò. Era in cucina a preparare la cena e si fermò, con la spatola in mano. "Cosa intendi dire?" mi chiese.

"Ci siamo riusciti. Abbiamo raggiunto i 100.000 dollari." A malapena riuscivo a pronunciare le parole perché non volevo che le lacrime sfuggissero al tremolio della mia voce.

"Come fatturato?"

"No. Come nostri conti bancari personali."

"Madonna santa, davvero?! È incredibile!!"

Corse verso di me, ignorando il cibo sul fornello, e mi avvolse con le braccia intorno al collo, con la spatola ancora in mano.

"Sono così orgogliosa di te."

Mi strinse. Caddi tra le sue braccia. Era come se ogni nodo nel mio corpo che avevo tenuto stretto si fosse sciolto tutto ad un tratto. A malapena riuscivo a contenere me stesso. Ma quando ci ripenso, il sentimento che provai non era felicità. Era sollievo. Ero passato dalla paura alla sicurezza. Avevo scambiato il sentimento di fallimento che provavo ogni

 Copyright © 2024 da ACQUISITION.COM LLC NON PER LA DISTRIBUZIONE

giorno, guardando il mio lavoro e il mio impegno non portare a nulla, con la realizzazione di un sogno.

L'ansia costante e la paura di "cosa faremo" *finalmente* si erano dissolte, lasciando spazio a qualcosa di nuovo. Finalmente avevo il tempo di permettermi di provare emozioni.

Sentivo come se questo capitolo di "lotta" della mia vita fosse finalmente finito.

"Guarda," dissi. "È vero."

Tirai fuori la testa dalle braccia di Leila. Non volevo guardarla negli occhi perché sapevo che mi avrebbe fatto esplodere. Tirai fuori il telefono e lo misi tra di noi. Stavamo fissando entrambi lo schermo immobile con il saldo del nostro conto bancario personale.

101.018 dollari.

I nostri sguardi rimasero fissi mentre confermavamo una nuova realtà condivisa. Non era un'illusione. Non era il fatturato. Non era "profitto" che era ancora nel conto dell'azienda, da prelevare successivamente per qualche emergenza imprevista. Non erano soldi "destinati" che dovevano essere usati per pagare qualche debito. Erano i *nostri* soldi. Davvero.

"Tesoro," dissi. "Potremmo fallire e non guadagnare un altro dollaro per tre anni di fila, e stare comunque bene."

All'epoca, 33.000 dollari l'anno erano più che sufficienti per noi per vivere a nostre spese correnti per tre anni *circa*.

Anni di alti e bassi. Anni di investimenti di denaro nei miei business solo per vederlo scomparire tra spese generali, stipendi ed errori. Anni di seminari, corsi, workshop, programmi di coaching, mastermind . . . erano F-I-N-A-L-M-E-N-T-E diventati ricchezza. Sembra di aver raggiunto un nuovo piano. L'aumento relativo della ricchezza è stato più di quanto abbia mai provato.

Decine di milioni di dollari in banca dopo, è stato, ed è ancora, il momento in cui mi sono sentito più ricco nella mia vita. È stato l'inizio del prossimo capitolo della mia vita come imprenditore.

Alcune persone ci arrivano in fretta. Altre ci impiegano molto tempo. Ma tutti ci arrivano alla fine, purché non si smetta. Continuate ad andare avanti. Continuate a rialzarvi. Continuate a credere che possa accadere.

E accadrà.

Copyright © 2024 da ACQUISITION.COM LLC NON PER LA DISTRIBUZIONE

In Breve

Abbiamo coperto molto. E penso che sia importante che le informazioni si consolidino e vengano ripetute. Quindi questo è l'elenco puntato per riassumere ciò che abbiamo imparato finora e perché.

1) Abbiamo visto perché non devi essere una merce in questo mercato.

2) Perché dovresti scegliere un mercato normale o in crescita e perché le nicchie ti arricchiscono.

3) Perché dovresti chiedere molto.

4) Come chiedere molto denaro utilizzando i quattro fattori principali di valore.

5) Come creare la tua offerta di valore in cinque passaggi.

6) Come impilare il valore, consegnarlo e renderlo redditizio.

7) Come spostare la curva della domanda a tuo favore utilizzando la scarsità,

8) Come utilizzare l'urgenza per diminuire la soglia d'azione degli acquirenti

9) Come utilizzare strategicamente i bonus per aumentare la domanda della tua offerta.

10) Come invertire completamente il rischio dell'acquirente con una garanzia creativa.

11) Come chiamarlo in modo che risuoni con il tuo avatar.

Ora hai un'offerta di grande successo, con un alto margine e che si distingue dalla massa.

Questo è il primo blocco fondamentale per un business di successo: un prodotto o servizio che la gente desidera disperatamente e che risolve veramente i loro problemi. Per molti, questo sarà sufficiente per generare molte più vendite, a prezzi più elevati e con maggiori profitti. La tua prima vera offerta di grande successo dovrebbe farti raggiungere i tuoi primi $100.000. E ne vorrai sempre *di più*. Il che è il tuo diritto al 100% come capitalista.

C'è molto altro da imparare per costruire una macchina di acquisizione *profittevole*. Non ho potuto coprire tutto in un solo libro. Con rispetto per te, ho voluto rendere questo libro completo ma gestibile. Detto questo, il prossimo libro è dedicato esattamente a questo —- *ottenere di più* —- attraverso la generazione di lead. In quel libro, spiegherò *esattamente* come acquisire clienti *a profitto*. Ciò significa che, se strutturi correttamente le tue promozioni, non dovresti mai dover pagare per un nuovo cliente. Questo è l'argomento di **Acquisition.com Volume II $100M: Lead Generation.**

 Copyright © 2024 da ACQUISITION.COM LLC NON PER LA DISTRIBUZIONE

Pensieri Finali

L'imprenditoria consiste nell'acquisire competenze, credenze e tratti di personalità. Per avanzare, trovo che dobbiamo determinare quali competenze, credenze e tratti di personalità *ci mancano*. La maggior parte delle volte, dobbiamo semplicemente migliorare. E l'unico modo per farlo è attraverso l'apprendimento dall'esperienza e/o da fonti di alta qualità. Ho ricevuto consigli terribili da persone che erano avanti rispetto a me all'epoca. E anche se l'esperienza è la *migliore* insegnante, non è la più gentile.

È la mia più sincera speranza che ciò che produco fornisca la guida che ho disperatamente avuto bisogno durante il mio percorso imprenditoriale. E vorrei poter coprire tutto in un solo libro (per il mio bene e il tuo). Ma, per fornirti il servizio che avrei voluto avere, non posso farlo. Il diavolo si nasconde nei dettagli. L'eccellenza esiste nella profondità delle conoscenze e delle sfumature. È questo che separa i grandi da tutti gli altri. Spero che in tutti i contenuti che produco tu veda la mia dedizione a questo livello di dettaglio e sfumatura che *fa la differenza*. Queste lezioni sono state apprese a caro prezzo.

Spero che tu abbia apprezzato questo primo volume della mia serie di offerte. Prima di passare al volume due, in cui ci concentreremo sulla generazione di lead, come menzionato sopra, volevo tornare all'inizio. Dopo aver letto questo libro, spero che:

1) Tu sia sulla buona strada per creare la tua prima Offerta Grande Slam. O almeno, che tu possa prendere i componenti che ti mancavano nella tua offerta per renderla più convincente per il tuo mercato.

2) Io abbia mantenuto la mia promessa dall'inizio del libro: che investire due o tre ore del tuo tempo qui ti avrebbe dato un ritorno molto più alto rispetto a qualsiasi altra cosa tu potessi fare.

3) Spero di aver fatto un piccolo passo per guadagnare la cosa che apprezzo di più da te: **la tua fiducia**.

Infine, spero che questo libro crei un piccolo segno nell'aiutare a migliorare il mondo, perché credo che nessuno venga a salvarci. Siamo noi, come imprenditori, a dover innovare il nostro modo di vivere in un mondo migliore. Ed è qualcosa a cui sono disposto a dedicare la mia vita. E spero che lo sia anche tu.

Sono grato per la tua attenzione. Avresti potuto darla a qualsiasi cosa, e hai scelto di investirla con me. Lo apprezzo molto. Quindi, sinceramente, grazie

Resta affamato**,**

Alex

PS - (vedi biglietto d'oro qui sotto)

Copyright © 2024 da ACQUISITION.COM LLC NON PER LA DISTRIBUZIONE

BIGLIETTO D'ORO: UNO AMMESSO

Se stai realizzando oltre 1.000.000 di dollari all'anno in utili annuali (non in fatturato) e desideri il nostro aiuto per scalare la tua impresa, vai su Acquisition.com. Aiutiamo le aziende a scalare *così proficuamente che hanno solo bisogno di arricchirsi una volta.* Non sono la persona del "guadagna il tuo primo dollaro", sono la persona del "guadagna l'ultimo dollaro che avrai mai bisogno di fare". Se ti rispecchi in questo, sei abbastanza perspicace da capire come metterti in contatto con me sul mio sito e prenotare una chiamata. Mi piacerebbe incontrarti e sentire della tua impresa e vedere se possiamo essere d'aiuto.

 Copyright © 2024 da ACQUISITION.COM LLC NON PER LA DISTRIBUZIONE

Saresti contrario a crescere più velocemente? Se no…

CAPITOLO BONUS: Tra questo libro e il mio prossimo, ho pubblicato un singolo capitolo per rispondere alla domanda più frequente del mio pubblico - *Come scelgo a chi vendere?* La risposta l'ho scritta in un capitolo a sé che ho chiamato "Il Tuo Primo Avatar". Puoi scaricarlo gratuitamente qui: **https://acquisition.com/avatar**

PROSSIMO LIBRO. Puoi dare un'occhiata al mio **prossimo libro** dal titolo azzeccato **Acquisition.com Volume II $100M Lead: Come Far Desiderare agli Sconosciuti di Comprare le Tue Cose**. Che tratta… la generazione di lead. Non ti mancheranno mai nuovi clienti se segui i passaggi in quel libro (specialmente ora che sei armato dell'offerta che abbiamo costruito). Non sono sicuro che questo sarà il nome finale (è ancora in fase di modifica), ma se cerchi il mio nome, lo troverai. Probabilmente sarà disponibile anche sul mio sito Acquisition.com (si spera).

AUDIOBOOK. Se ti piace ascoltare e avere tutti i tuoi libri con te per consultazione (è quello che faccio io), puoi prendere la versione **audible & kindle di uno o tutti i miei libri su Amazon**. Mi piace leggere e ascoltare contemporaneamente per aumentare la mia velocità di assorbimento e consumo. Basta cercare i titoli dei libri e appariranno entrambi.

PODCAST. Se ti piace ascoltare, ho un **Podcast chiamato "The Game"** dove puoi sintonizzarti su brevi episodi che offrono lezioni tattiche (apprese dai fallimenti) così puoi raggiungere i tuoi obiettivi più velocemente. Controlla il podcast qui: alexspodcast.com

YOUTUBE. Ho un canale YouTube con nuovi tutorial un paio di volte a settimana: cerca semplicemente il mio nome **"Alex Hormozi"** per trovarlo.

IG. Puoi seguirmi su IG se ti piacciono le cose più personali: **@hormozi**

Copyright © 2024 da ACQUISITION.COM LLC NON PER LA DISTRIBUZIONE

www.ingramcontent.com/pod-product-compliance
Lightning Source LLC
Chambersburg PA
CBHW080957120626

46546CB00010B/2934